우지은의
힐링 보이스

우지은의
힐링 보이스

우지은 지음

마음을 치유하는 21일 목소리 트레이닝

Healing Voice

•• 프롤로그 ••

진정한 자신의 목소리를 찾을 때,
치유는 자연스레 일어난다

"내 목소리가 맘에 들어요."

수강생 설문지를 보다가 한참 눈길이 머문 문장이다. "자신감이 생겼어요", "삶의 터닝 포인트가 되었어요", "변화한 것이 너무 기쁘고 앞으로가 기대돼요!" 등 감격에 찬 수많은 후기를 뒤로하고, "내 목소리가 맘에 들어요"라는 이 담백한 표현이 왜 그리 내 마음을 끌었던 걸까?

그 짧은 문장 속에 담긴 "목소리 훈련을 통해 비로소 내 목소리를 사랑하게 되었고, 나 자신을, 내 인생을 사랑하게 되었다"라는 진짜 의미가 전해졌기 때문이다.

교육생들과 가끔 속 깊은 얘기를 나누다 보면 그들이 목소리 때문에 누구에게도 털어 놓지 못한 깊은 상처를 끌어안고 있는 걸 종종 접하게 된다.

"사람들이 제 목소리를 싫어한다는 콤플렉스가 심해요."
"목소리 때문에 스트레스를 너무 많이 받아 고통스러워요."
"제 목소리가 듣기 싫어 차라리 말을 하지 않는 쪽을 선택했어요."

대체 그깟 목소리가 뭐길래 그토록 사람들은 자신과 타인의 목소리에 민감하고, 고통 받고, 삶의 자신감마저 잃어가는 걸까?

목소리는 단순히 목에서 나오는 소리가 아니기 때문이다. 목소리는 세상에 자신을 드러내는 가장 강력한 상징이자 정체성이다.

목소리에는 내면의 목소리와 외면의 목소리, 두 가지가 있다. 오로지 고요한 상태에서만 들을 수 있는 자기 안의 외침을 들어본 적이 있는가? 나는 글을 쓰면서 내면의 목소리에 귀 기울이는 연습을 꽤 오랫동안 해왔다. 그렇게 오로지 내면의 목소리를 따라 내 삶의 향방을 결정해왔다. 마치 그것은 내 영혼이 알려주는 비밀스런 메시지 같은 느낌이다.

그러한 내면의 목소리, 즉 가슴 저 깊은 곳에서 진정으로 열망하는 나와 일치하는 외면의 목소리를 찾을 때 진정한 자신을 만날 수 있으며, 이를 세상에 마음껏 발산할 때 최고의 잠재력을 발휘할 수 있다고 확신한다. 그리고 그 과정에서 치유는 자연스레 일어난다.

비단 목소리 때문이 아니더라도 사람은 누구나 저마다의 상처를 안고 살아간다. 겉으로 드러나지 않아 남들은 잘 모를 뿐. 누가 타인의 삶에 대해 함부로 재단하여 말할 수 있을까.

가난하고 평범했던 여대생에서 지금의 내가 되기까지 나 역시 수많은 장애물, 그리고 자신과의 치열한 싸움이 있었다. 그런데 30대 후반에 도저히 버틸 수 없을 것만 같던 역경이 나를 덮쳤다. 무슨 고난의 종합선물세트가 내 앞에 당도한 것만 같았다. 건강, 재정, 관계 등 삶의 전 영역이 모조리 무너지고 있었다. 운명이 나를 쥐고서 네가 얼마나 버티는지 보겠다며 뿌리까지 뒤흔드는 느낌이었다. 하루하루가 너무 지옥 같아 그간 고생스럽게 이뤄놓은 모든 걸 버리고 떠나고 싶다는 생각만 들었다. 감정의 밑바닥이라는 것이 무엇인지 경험했다. 나 자신이 싫었고, 슬펐고, 너무 괴로워서 철퍼덕 주저앉아 많이 울기도 했다.

그때 내가 무너지지 않고 다시 설 수 있었던 가장 큰 힘은 나를 믿고 지켜준 단 한 사람, 남편의 한결같은 사랑이었다. 그리고 나의 가장 큰 스승은 책이었다. 인간에 대한 통찰과 삶의 지혜로 가득한 글들을 읽으며 지친 마음을 달랠 수 있었고, 생각으로 짓는 마음의 고통에서 벗어나고자 명상도 꾸준히 실천했다. 최근 3년간은 외부 활동은 줄인 채, 공부를 하면서 회사 내부를 다지는 데 온 에너지를 쏟았다. 그렇게 고독하고 더딘 시간 속에서 참 많은 깨달음이 나를 찾아왔다.

지나고 보니 나를 짓누른 고난과 역경은 저주가 아니라 축복이었다. 고통은 나를 바닥으로 내몰아 처절하게 성찰하게 했고, 그 안에서 비로소 성숙이 일어났다.

지혜의 글과 명상을 통해 내 마음을 들여다보고, 과거의 나를 흘려

보내고, 누군가를 용서하면서, 몸을 소중히 하는 방식으로 나를 사랑하면서, 말에는 에너지가 있다는 믿음으로 한 마디 한 마디 귀하게 내뱉으면서, 내 안에서 자연스러운 치유가 일어났고, 삶은 계속해서 변한다는 경이로움이 나를 찾아왔다.

내 상처의 치유와 삶의 변화를 겪고 나니, 다른 사람들의 아픔에도 눈길이 가기 시작했다. 세상은 왜 이리 각박해지고, 서로에게 왜 저토록 상처를 주는 걸까? 각자 마음에 남은 아물지 않은 상처가 그 원인은 아닐까? 그렇다면 내가 하는 교육으로 그들의 마음을 조금이라도 치유해줄 수는 없을까? 이 책은 그러한 마음이 씨앗이 되어 탄생했다.

20여 년간의 경험으로 축적해온 '목소리를 빠르게 변화시키는 최고의 방법'을 가장 쉽고도 간결하게 담았다. 장담하건대 순서대로 MP3 파일을 들으면서 따라 읽는 것만으로도 목소리가 달라지는 놀라운 체험을 하게 될 것이다. 외면의 목소리 변화는 말에 대한 자신감뿐만 아니라 삶 전반의 자신감 향상으로 이어진다.

더불어 내 마음 치유에 결정적 역할을 한 좋은 글들을 담았다. 모든 글과 말에는 보이진 않지만 살아 움직이는 에너지가 있다. 좋은 글을 소리 내어 읽고 말하는 것은 내 마음 밭에 긍정의 씨앗을 뿌리는 행위다. 힘든 시간, 내게 위안과 지혜를 전해주었던 책들을 모조리 꺼내어 다시 읽었다. 그중에 낭독용으로 적합한 원고이면서 동시에 내가 세상에 전하고픈 메시지를 함축한 아름답고 좋은 문장들을 고르고 또 골라 목소리 훈련 원고로 재구성했다. 내 가슴을 울린 문장들이 당신의 가슴속에서도 같은 파장으로 공명하기를 기도한다. 긍정적인 에너지로 마음이 밝아지면서 당신의 목소리 역시 그 기운을 전하리라.

그리고 매 회 낭독용 원고에 덧붙여 내면의 목소리를 깨우는 질문인 '생각하고 말할 거리'를 적어놓았다. 삶에 질문하지 않으면, 삶은 일상의 반복일 뿐이다. 당신 삶에 던지는 이 질문에 생각을 정리한 후 소리 내어 말해보라. 최적의 목소리로 당신이 있는 공간을 가득 채워보라. 목소리가 주는 위안과 기쁨이 무엇인지 분명 느끼게 될 것이다.

호흡과 소리는 언제나 생각과 감정에서 시작되며, 생각과 감정은 몸의 상태에 따라 좌우된다는 것을 자주 느낀다. 건강한 영양섭취와 운동으로 몸을 챙기면서 3일의 훈련마다 실려 있는 잠깐의 명상 속에서 내면의 목소리와 만나는 고요한 시간을 가져보자. 매 훈련 말미에 있는 일지를 쓰면서 몸의 느낌과 감정, 생각, 소리의 미세한 변화에 주의를 기울인다면, 힐링 보이스 트레이닝은 당신에게 깨어 있는 순간순간을 선사할 것이다. 바른 몸 · 바른 마음 · 바른 말이 선순환을 그리면서 당신 삶에 근본적인 변화를 만들기를 기대한다.

이제 21일간 자신과의 내면여행이자 소리여행을 신나게 떠나보자! 당신 내면의 목소리를 깨우고, 내면의 목소리와 외면의 목소리를 일치시키는 과정을 통해 진정한 자신을 찾고 더없이 행복해지기를 간절히 소망한다. 내면의 밝은 빛을 발견해 주위를 환하게 비추기를, 그 작은 빛이 모이고 모여 세상이 밝아질 거라 믿는다.

지난 20년 동안 나를 이끈 원동력은 오로지 '꿈'이었다. 그런데 지금의 내 영혼은 '큰 이상과 사명'을 속삭인다. 내가 아름다운 지구별에 온 존재의 이유를 이제는 안다. 꿈이 사명을 만났으니, 할일이 더 많아졌다.

오늘도 기도한다. 내 안에 사랑과 지혜가 흘러넘쳐 세상과 마음껏 나눌 수 있기를.

부드러운 아침 햇살이 가득한
2020년 어느 멋진 날에
우지은

다음은 최근 심층면담을 진행했던 보이스 트레이닝 수강생 이상은(가명) 님의 이야기다. 목소리가 왜 중요한지, 목소리의 변화가 실제 삶에 어떤 영향을 미치는지를 아주 솔직하고 구체적인 언어로 표현해주었다. 내가 목소리 교육을 통해 전하고 싶은 의미를 이미 삶으로 증명해주고 있어 인터뷰 내내 참 감사하고도 기뻤다. 그중 일부 내용을 공유한다.

 이상은 님 (해외프로젝트 관리직, 37세 여성)

Q 어떤 계기로 보이스 트레이닝에 관심을 갖게 되셨나요?

A 업무차 중요한 내용을 녹음할 일이 있었는데, 그때 제 목소리가 너무 이상하고 듣기 싫은 거예요. 그래서 '차라리 말을 안 해야겠구나' 하고 입을 닫는 방법을 선택했어요. 말을 안 하면 제 귀에 안 들

리니까요. 그런데 말수를 줄였더니 말의 기술도 점점 없어지고, 말하는 게 더 힘들어지더라고요.

Q 목소리의 어떤 점이 마음에 안 드셨어요?

A 발표나 중요한 자리에서 말을 할 때, 제 목소리가 너무 가볍고 전혀 전문가적인 느낌이 나지 않았어요. 말도 무척 빠르고요. 아무리 내용이 좋아도 목소리가 엉망이니까 내용 자체도 가볍게 느껴지더라고요. 그게 목소리 때문인지 그때는 인지하지 못했어요. 또 회사에서 말할 기회가 많이 생기는데, 제가 목소리에도 자신이 없고 말을 잘 못하니까 발언 기회를 잡지 못 하는 거예요. 대외활동을 충분히 할 수 있음에도 선뜻 하겠다고 말할 수 없는 제 자신을 보고, '내가 이대로 머무를 수 없다, 달라져야겠다!' 이런 생각이 드니까 바로 행동에 옮기게 되더라고요.

Q 목소리가 왜 중요하다고 생각하시나요?

A 목소리 좋은 연예인들이 인터뷰하는 걸 들어보면 별말 안하는데도 엄청 다르게 느껴지더라고요. 목소리에 따라서 사람의 분위기가 달라진다는 걸 느꼈어요. 그래서 '목소리가 엄청 중요하구나!'라는 생각을 하게 되었어요. 심지어 커피숍에 가서 종업원이 한 마디 하는 것만 봐도 그 사람의 됨됨이나 태도 같은 것들이 다 느껴지더라고요. '내가 한 발 앞으로 내딛기 위해서는 내 목소리를 어떻게 조절하고 말하느냐가 정말 중요하지 않을까?'라는 생각을 했어요.

Q 어떤 목소리로 말하고 싶으세요?

A 저처럼 의기소침해져 있고 자신감 없는 사람들에게 따뜻한 느낌의 목소리를 전하고 싶어요. 나를 만나는 누구에게든 온기 있는 목소리로 따뜻한 말을 하는 것, 전 그게 영향력이 있다고 생각하거든요. 이전에는 한 마디 한 마디의 중요성을 모르고 내뱉었다면 지금은 한 마디를 하더라도 제가 원하는 목소리로 희망을 주는 언어를 사용하고 싶어요.

Q 보이스 트레이닝 후, 삶에 어떤 변화가 나타났나요?

A 우선 말이 하고 싶어졌어요! 목소리가 좋아지니까 계속 말이 하고 싶은 거예요. 예전에 무슨 말을 하는지 모르고 떠들었을 때는 그냥 빨리 말하고 입을 확 닫았는데, 지금은 천천히 목소리를 다듬어서 말을 하니까 그게 너무 재밌어요. 그러다 보니 말에 적극성이 생겼고, 삶이 재미어졌어요! 애기들이 말을 배울 때, 말이 하고 싶으니까 계속 옹알거리잖아요. 저는 지금 그 단계인 것 같아요. 그리고 목소리가 안정적으로 변하면서 스피치에 자신감이 생기니까 대외적인 활동들에 적극성이 생겼어요. 여러 가지 새로운 일을 해보고 싶은 욕망이 계속 생기는 것 같아요.

또 하루를 살더라도 진정한 의미를 가지고 산다는 게 이제 뭔지 알겠어요. 그냥 흘려버리는 시간이 아니라 식당에서 밥을 먹으면서 아주머니한테 한 마디 건네는 것도 이제 제겐 소중해요. 그리고 지나가면서 청소부 아주머니에게도 "안녕하세요?" 이렇게 인사하는

것도 재밌더라고요. 다 나의 청중인 것 같은 느낌? (웃음)

Q 한 마디를 소중히 정성스럽게 한다는 것은, 깨어 있는 삶과도 연결이 되는 것 같은데요?

A 맞아요. 이런 깨어 있는 삶을 인식하게 해준 시작이 바로 보이스 수업이었어요. 말을 하면서 그 깊이를 더욱더 알게 되고, 순간순간 일어나는 일이 모두 나한테 의미가 있다는 것을 알게 되었어요. 제 생각이 전환되면서 인생의 터닝포인트가 된 거죠! 또 제가 책을 별로 안 좋아했는데, 보이스와 스피치 훈련을 하면서 제가 책을 엄청 사서 읽고 있는 거예요. 말이 하고 싶으니까 자연스레 궁금한 것도 많이 생기더라고요. 그래서 책을 소리 내어 읽어보기도 하고 요즘은 오디오북도 신청해서 듣고 있어요.

Q 보이스 트레이닝 경험은 이상은 님에게 어떤 의미였나요?

A 진정한 나의 목소리를 찾는 과정이었어요. 그 전에는 제 목소리가 어떤지도 모르고 아무렇게나 목소리를 냈어요. 그런데 이제는 방법을 알고, 숨어 있던 내 목소리를 어떻게 내는지 알게 되었죠. 진짜 내 목소리를 찾았으니 이제 갈고 닦아서 더욱 윤택하게 만드는 게 목표예요. '좀 더 어렸을 때 이런 과정을 거쳤으면 얼마나 더 좋았을까?' 이 생각을 정말 많이 해요. 하지만 살아갈 날이 더 많잖아요. 거기에 적용할 걸 생각하면 앞으로의 삶이 굉장히 흥분돼요!

차례

프롤로그 4
수강생 리얼 인터뷰 10

이론편

1장 소중한 몸에 주의 기울이기
몸이 먼저다 24
몸이 바로 서야 말도 바로 선다 32
보이스 트레이닝 워밍업, 몸 이완하기 36

2장 진정한 나를 만나는 시간, 복식 호흡
호흡과 명상은 닮아 있다 40
건강하고 윤기 있는 목소리의 비밀은 호흡에 있다 43

3장 발성, 몸안의 에너지가 밖으로 표출되다
목을 크게 열면 자신감이 솟구친다 50
공기 반 소리 반, 포물선 발성을 기억하자 53

4장 세상과 공명하는 나의 목소리

몸의 공명을 느껴라 **58**
최적의 톤과 울림을 찾는 비법, 마스크 공명 **60**
밝고 생기 있는 소리를 찾는 미간 공명 **65**
다채로운 소리를 위한 음역 확장 **67**

5장 발음이 말의 전달력과 품격을 책임진다

발음이 좋지 않은 진짜 이유 **72**
발음이 좋아지는 세 가지 방법 **74**

6장 마음이 드러나는 말, 감정을 실어라

소리에 감정을 담을 때 소통이 일어난다 **84**
강조법을 익히면 감정을 입히기 쉽다 **86**

실전편

힐링 보이스 트레이닝을 시작하며, 〈나의 다짐〉 92
내 삶을 변화시키는 힐링 보이스 연습일지 94

 **본연의 건강한 목소리 되찾기**

| Day 1 | 98 **복식 호흡 1** 누운 자세에서 호흡 감각 익히기 • **복식 호흡 2** 누운 자세에서 강한 호흡 연습하기 • **몸의 정렬** 척추 숙이기로 자연적인 정렬 찾기 • **기초 발성** '허~~' 자연스러운 발성하기 • **아치 개방** 목의 아치를 둥글게 열어 발성하기 • **힐링 낭독** 내용을 음미하며 천천히 읽기 • 오늘의 일지

| Day 2 | 107 **복식 호흡** 앉은 자세에서 허리 숙이며 호흡하기 • **하품 발성** '하~~' 하품 발성 길게 하기 • **폭포수 발성** 허리 숙이고 팔 늘어뜨려 발성하기 • **'핫' 발성** '핫' 소리 내며 힘 있게 발성하기 • **아치 개방** 동그란 억양으로 짧은 문장 읽기 • **힐링 낭독** 내용을 음미하며 둥근 억양으로 읽기 • 오늘의 일지

| Day 3 | 116 **복식 호흡** 마음을 안정시키는 호흡법 • **야호 발성** 산 정상에 서서 '야호!' 외치기 • **발음 연습** 'ㄱ, ㄲ, ㅋ' 정확한 발음 훈련 • **아치 개방** 동그란 억양으로 짧은 문장 읽기 • **폭포수 낭독** 허리 숙인 채 낭독하기 • **힐링 낭독** 내용을 음미하며 둥근 억양으로 읽기 • 오늘의 일지

| Day 4 | 125 **복식 호흡** '스~~' 날숨을 길고도 천천히 내쉬기 • **하헤히호후 발성** 기초 모음 연속 발성 • **마스크 공명 발성** 최적의 자기 목소리 톤 찾기 • **학다리 발성** 뱃심으로 힘 있게 발성하기 • **발음 연습** 'ㄴ' 정확한 발음 훈련 • **힐링 낭독** 내용을 음미하며 둥근 억양으로 읽기 • 오늘의 일지

| **Day 5** |　**133** **복식 호흡** 자연적인 호흡에 연결하기 ● **공명음으로 노래 부르기** ● **마스크 공명 발성** 같은 톤으로 음절 길게 늘이며 발성하기 ● **앉아서 다리 들고 발성** 'ㅗ', 'ㅜ' 모음 연속 발성 ● **성량 조절** 거리에 따른 성량 조절 ● **힐링 낭독** 내용을 음미하며 둥근 억양으로 읽기 ● 오늘의 일지

| **Day 6** |　**145** **복식 호흡** 티슈를 이용해 일정한 호흡 유지하기 ● **마스크 공명 발성** 음절 길게 늘이며 발성하기 ● **발음 연습** 'ㅣ, ㅜ, ㅐ, ㅓ, ㅏ, ㅑ' 모음 집중 연습 ● **공명 낭독** 앞니 부근의 울림에 집중하며 발성하기 ● **힐링 낭독** 내용을 음미하며 둥근 억양으로 읽기 ● 오늘의 일지

| **Day 7** |　**152** **복식 호흡** 빠른 호흡과 느린 호흡에 익숙해지기 ● **마스크 공명 발성** 앞니의 울림 느끼기 ● **발음 연습** 'ㅓ'와 'ㅡ' 발음 구별하기 ● **공명 낭독** 앞니 부근의 울림에 집중하며 발성하기 ● **힐링 낭독** 내용을 음미하며 둥근 억양으로 읽기 ● 오늘의 일지

★ 1단계 체크리스트　**160**

2단계
DAY 8~14

세상과 공명하는 나의 목소리

| **Day 8** |　**162** **마스크 공명 발성** '음냐~' 발성으로 강한 진동 느끼기 ● **단계별 발성** 복근의 힘으로 성량 조절하기 ● **발음 연습** 'ㅔ, ㅐ, ㅖ, ㅒ' 모음 집중 훈련 ● **억양 연습** 상냥한 목소리 만들기 ● **힐링 낭독** 내용을 음미하며 큰소리로 읽기 ● **오늘의 스피치** 나도 승무원 ● 오늘의 일지

| **Day 9** |　**172** **마스크 공명 발성** 음절 길게 늘여 발성하기와 스타카토 발성 ● **단계별 발성** 복근의 힘으로 성량 조절하기 ● **발음 연습 1** 'ㄷ, ㄸ, ㅌ' 정확한 발음 훈련 ● **발음 연습 2** 'ㅚ'와 'ㅟ' 발음 구별하기 ● **힐링 낭독** 강조법을 적용해 큰소리로 읽기 ● **오늘의 스피치** 나도 성우 ● 오늘의 일지

| Day 10 | 182 스타카토 발성 한 음절씩 강하게 끊어 발성하기 ● 발음 연습 1 'ㅚ'와 'ㅟ' 발음 구별하기 ● 발음 연습 2 'ㄹ' 정확한 발음 훈련 ● 힐링 낭독 내용을 음미하며 큰소리로 읽기 ● 오늘의 스피치 나도 라디오 DJ ● 오늘의 일지

| Day 11 | 191 마스크 공명 발성 한 음절씩 길게 늘여서 & 끊어서 발성하기 ● 발음 연습 1 'ㅐ'와 'ㅔ' 발음 구분하기 ● 발음 연습 2 'ㅂ, ㅃ, ㅍ' 정확한 발음 훈련 ● 힐링 낭독 내용을 음미하며 큰소리로 읽기 ● 오늘의 스피치 나도 MC ● 오늘의 일지

| Day 12 | 201 마스크 공명 발성 마스크의 울림에 감정을 실어 시낭송하기 ● 발음 연습 1 'ㅢ' 모음의 정확한 발음 ● 발음 연습 2 'ㅅ, ㅆ' 정확한 발음 훈련 ● 힐링 낭독 내용을 음미하며 큰소리로 읽기 ● 오늘의 스피치 나도 기상캐스터 ● 오늘의 일지

| Day 13 | 210 마스크 공명 발성 한 음절씩 길게 늘여서 & 끊어서 발성하기 ● 발음 연습 1 'ㅈ, ㅉ, ㅊ' 정확한 발음 훈련 ● 발음 연습 2 길게 소리 나는 장음 단어 발음하기 ● 힐링 낭독 내용을 음미하며 큰소리로 읽기 ● 오늘의 스피치 나도 쇼호스트 ● 오늘의 일지

| Day 14 | 218 스타카토 발성 강한 발성 후, 감정을 실어 시낭송하기 ● 발음 연습 1 'ㅎ' 정확한 발음 훈련 ● 발음 연습 2 숫자의 장음 익히기 ● 힐링 낭독 내용을 음미하며 큰소리로 읽기 ● 오늘의 스피치 나도 교통캐스터 ● 오늘의 일지

★ 2단계 체크리스트   228

3단계 DAY 15~21 몸, 맘, 말이 하나 되는 스피치

| Day 15 | 230 음역 확장 발성 몸의 울림을 느끼며 발성하기 ● 발음 연습 잘못하기 쉬운 발음 바로잡기 ● 힐링 낭독 내용을 음미하며 큰소리로 읽기 ● 오늘의 스피치 나도 앵커 ● 오늘의 일지

| **Day 16** | **238**　음역 확장 발성 몸의 울림을 느끼며 발성하기 ● **발음 연습** 잘못하기 쉬운 발음 바로잡기 ● **힐링 낭독** 내용을 음미하며 큰소리로 읽기 ● **오늘의 스피치** 나도 공식행사 아나운서 ● 오늘의 일지

| **Day 17** | **247**　음역 확장 발성 몸의 울림을 느끼며 발성하기 ● **발음 연습** 잘못하기 쉬운 발음 바로잡기 ● **힐링 낭독** 내용을 음미하며 큰소리로 읽기 ● **오늘의 스피치** 나도 프레젠터 ● 오늘의 일지

| **Day 18** | **255**　음역 확장 발성 몸의 울림을 느끼며 발성하기 ● **발음 연습** 속담을 이용한 발음 연습 ● **힐링 낭독** 내용을 음미하며 큰소리로 읽기 ● **오늘의 스피치** 나도 강연가 ● 오늘의 일지

| **Day 19** | **262**　음역 확장 발성 몸의 울림을 느끼며 발성하기 ● **발음 연습** 겹받침 정확하게 발음하기 ● **힐링 낭독** 내용을 음미하며 큰소리로 읽기 ● **오늘의 스피치** 나도 연기자 ● 오늘의 일지

| **Day 20** | **269**　음역 확장 발성 몸의 울림을 느끼며 발성하기 ● **발음 연습** 어려운 발음 집중 훈련 ● **힐링 낭독** 내용을 음미하며 큰소리로 읽기 ● **오늘의 스피치** 나도 강연가 ● 오늘의 일지

| **Day 21** | **277**　음역 확장 발성 몸의 울림을 느끼며 발성하기 ● **발음 연습** 어려운 발음 집중 훈련 ● **힐링 낭독** 내용을 음미하며 큰소리로 읽기 ● **오늘의 스피치** 나도 강연가 ● 오늘의 일지

★ 3단계 체크리스트　287

힐링 보이스 트레이닝을 마무리하며, <나의 다짐>　288

이론편

Healing Voice Training

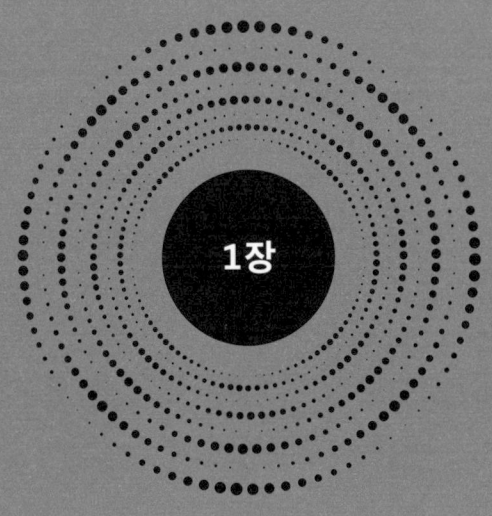

소중한 몸에
주의 기울이기

몸이 먼저다

    말을 한다는 것은 우리 몸이 하나의 악기가 되어 자신의 마음(생각과 감정)을 소리에 실어 표현하는 것이다. 내면이 투영되어 나오는 것이 말이기에 몸과 마음이 건강해야 아름답고 진실된 말, 목소리가 울려 퍼질 수 있다. 몸과 마음은 닭이 먼저냐 달걀이 먼저냐의 문제처럼 우선순위를 정하기 어려울 만큼 서로 깊은 영향을 주고받는다.

    하지만 나는 '몸이 먼저'라고 단언한다. 특히 목소리는 건강의 바로미터라 할 정도로 자신의 상태를 고스란히 들려준다. 몸이 피곤하거나 아플 때의 목소리를 떠올려보라. 만사가 귀찮아지고 사소한 일에도 짜증이 치솟는다. 괜스레 주변 사람들에게 날카로운 목소리, 가시 돋친 말로 상처를 주기도 한다. 그리고 이내 그런 자신이 못마땅해진다. 악순환이 따로 없다.

    또한 몸은 마음의 집이다. 따스하고 바른 마음이 머무를 수 있는 건강한 몸을 우선 만들어보자. 단순히 남에게 보이기 위한 몸이 아니라 건강하고 빛나는 에너지로 가득한 몸을 만드는 것이 중요하다. 수많은 건강요법이 있겠지만 여기서는 내가 평상시 실천하고 있는 영양 섭취와 꾸준한 운동, 두 가지의 중요성을 이야기하고 싶다.

1. 충분한 영양 섭취

음식을 통한 영양 공급이 우리 몸의 에너지원이 된다는 것은 누구나 아는 사실이다. 하지만 우리는 평소에 이 사실을 까맣게 잊은 채 살아가곤 한다. 그저 허기를 달래기 위해 아무 음식이나 입안으로 막 집어넣을 때도 있고, 한 손으론 스마트폰을 만지작거리며 밥이 입으로 들어가는지 코로 들어가는지도 모른 채 정신이 팔린 상태에서 식사를 후딱 끝내버리기도 한다. 딱 하루만 자신이 하루 종일 무심코 먹은 음식들을 기록해보라. 혹시 '이렇게 먹고도 몸이 괜찮을까?' 싶을 정도로 형편없이 먹고 있진 않은가. 그럴 때 이 말을 기억해보면 좋겠다. "내 몸은 아무 음식이나 쑤셔 넣어도 되는 쓰레기통이 아니다."

현대인을 가장 위협하는 질병인 암癌이라는 한자를 자세히 보면 입 구口가 세 개 들어 있다. 세 개나 되는 입으로 몸에 좋지 않은 음식들을 너무 많이 먹어서 생기는 질병이 암이라서가 아닐까?

그럼에도 우리는 허기를 채우거나 혀끝의 쾌감에만 급급하다 보니, '몸으로 음식이 들어간다'는 생각은 종종 놓치는 것 같다. 오늘부터라도 '이 음식이 내 소중한 몸속으로 들어간다. 그리고 오늘 하루를 잘 살아가게 해줄 에너지가 된다'라는 생각으로 음식을 바라보자. 내가 먹는 음식이 식도와 위장을 거쳐 온몸으로 퍼지는 상상을 해보라.

한동안 스트레스가 무척 심하던 시기가 있었다. 매일 매일이 괴로워 잠시라도 시름을 잊기 위해 밤마다 와인 한 잔을 습관처럼 마셨다. 물론 그 순간은 위안이 되었지만 이내 후회가 밀려왔다. 아침에 일어나면 머리가 무거웠고, 무엇보다 기분이 좋지 않았다. 목은 바짝바짝 마르고 이물질이 걸린 듯 불편했다. 당연히 목소리도 잘 나오지 않았다.

목 상태가 심해져서 병원에 가보니 역류성 식도염이라 했다. 몸은 계속 내게 좋지 않은 징후들로 말을 걸어왔지만 내가 무시하고 있었던 것이다. 좋지 않은 식습관이 몸과 정신을 망치고 있다는 생각에 정신이 번쩍 들었다. 그때부터 지금까지 나는 몸과 대화하는 연습을 꾸준히 하고 있다. 피곤하다고 슬쩍 신호를 주면 잘 쉬어주고, 그만 먹으라는 신호가 오면 먹기를 멈춘다. 그러다 보니 이제는 몸이 좋아하는 음식, 싫어하는 음식이 절로 가려진다. 내 혀가 자극적인 음식을 알아서 거부해준다. 몸의 소리를 듣는 것, 이것이 내면의 목소리를 깨우는 첫 시작이다. 몸과 마음은 연결되어 있기 때문이다.

또 하나, 음식을 먹을 때 이 음식이 내게 오기까지 얼마나 많은 사람들의 손을 거쳤을지를 생각해보자. 밥 한 톨이 만들어지기까지 빛과 공기, 물, 대지 등 대자연의 신비가 존재했고, 농부에서부터 식당 아주머니의 땀까지 수많은 사람들의 노고가 있었기에 내가 밥 한술을 입에 넣고 오늘도 힘을 낼 수 있다. 소중한 대자연과 누군가의 도움 없이는 우리는 단 한순간도 살 수 없음을 기억하자. 이렇듯 세상이 모두 관계로 맺어져 있다는 인식을 갖게 되면 하루에도 수백 번 "감사합니다"가 입에서 튀어 나온다. 신기하게도 이런 감사의 마음은 내 몸 구석구석에 퍼져 몸에도 온기를 품게 만든다. 마음에서 몸으로 이어지는 선순환이다.

목소리 건강에 나쁜 음식 vs 좋은 음식

다음은 목에 직접적으로 좋지 않은 영향을 끼치는 음식들이다. 이 음식들은 성대를 건조하게 만들고, 위산 역류로 후두와 성대를 붓게 만든다. 평소 다음과 같은 음식을 먹고 난 후 자신의 목 상태를 느껴보자. 건조해지는지, 칼칼해지는지, 목에 이물질이 걸린 느낌이 드는지 말이다. 내 몸의 상태에 깨어 있어야 자제도 가능해진다. 중요한 미팅이나 공적인 스피치를 하기 3시간 전부터는 섭취를 금해보자.

- 술, 담배
- 커피, 녹차, 홍차, 초콜릿 등 카페인이 들어간 음식
- 우유, 아이스크림, 요거트, 버터 등 유제품
- 과일 주스, 탄산음료 등 설탕이 많이 들어간 음료
- 맵고 짠 자극적인 음식
- 기름진 음식

또한 식후에 바로 눕는 것도 역류성 식도염을 유발하는 주원인이 되므로 주의해야 한다. 속(위장)이 편해야 편안한 목소리가 나온다! 그렇다면 목소리 건강에 좋은 음식은 무엇일까?

단연 물이다! 너무 차지도, 뜨겁지도 않은 체온과 비슷한 정도의 물을 조금씩 자주 마셔주는 것이 성대 윤활유를 분비하고 성대를 촉촉하게 유지하는 데 큰 도움이 된다. 따라서 목소리 훈련을 할 때는 항상 따뜻한 물 한 잔을 옆에 두고 시작하자.

목소리 건강을 더 세심히 챙기고 싶다면, 목에 좋은 배, 도라지, 무, 매실, 오미자, 생강, 대추차 등을 권한다.

2. 꾸준한 운동

바디프로필을 찍는 것이 한때 유행이었다. 나 역시 그 분위기에 편승해 개인트레이너와 함께 오로지 멋진 근육을 만들겠다는 일념으로 5개월 동안 격하게 운동한 적이 있다. 물론 평생 간직할 근사한 사진을 몇 장 남긴 것은 기쁜 일이나 돌이켜 생각해보면 몸을 혹사시킨 일임이 분명하다. 운동의 과정은 지나치게 힘들었고, 매일 닭가슴살을 꾸역꾸역 먹는 것도 고역이었다. 고강도의 운동을 그만두자 근육도 언제 있었냐는 듯 서서히 빠져나갔다.

무슨 일이든 그것이 내면에서 솟아오르는 자연스러운 기쁨과 연결

되지 않는다면, 오래 지속될 수 없다. 지금은 몸에 무리를 주지 않는 선에서 즐겁게 꾸준히 운동을 한다. 날씨가 화창한 날엔 뒷산에 올라 산책을 즐기고, 평상시엔 러닝머신이나 헬스 자전거에 올라 30분 동안 유산소 운동을 한다. 특히 러닝머신 위에서 걸을 때는 내 몸의 움직임 하나하나를 느끼려고 노력한다. 바른 자세를 유지하면서 발이 바닥을 치고 앞으로 나아가는 느낌, 골반과 어깨의 부드럽고 힘찬 회전을 느껴본다. 이렇게 빠르게 걸으면 10분만 지나도 온몸의 피가 순환하면서 에너지가 샘솟는 느낌을 받는다. 요즘은 뒤로 걷기도 하고, 승마 자세로 걷는 등 평상시 잘 쓰지 않는 다양한 근육도 써본다.

그러고 나서 요가매트 위에서 복근 강화 운동과 덤벨을 이용한 상체 운동, 스쿼트 등의 하체 운동을 잠시 하는 것으로 아침 운동을 마무리한다. 여유가 있는 날엔 1시간, 바쁜 날엔 '단, 10분이라도!'라는 생각으로 잠깐이라도 몸을 움직이려고 노력한다. 일과를 모두 마친 후에는 스트레칭과 따뜻한 족욕으로 하루 종일 고생한 내 몸에 잠깐의 휴식을 선물한다. 이 역시 몸이 원해서 자연스레 하게 된 것으로 이제는 밤 시간의 루틴이 되었다.

'너무 바빠서, 시간이 없어서'라는 핑계는 멈추고, 일단 몸을 움직이자. 가라앉았던 기분도, 나를 짓누르는 고민도 서서히 사라진다. 몸에서 마음으로 이어지는 선순환이다. 특히 근력운동 중에서 내가 집중하는 운동은 복근강화 운동이다. 좋은 목소리를 내기 위해서는 숨을 깊이 들이마신 후 아랫배(단전)를 당기며 말하는 것이 핵심인데, 이때 복근이 잘 단련되어 있을수록 적은 에너지로 힘 있는 소리를 쉽게 낼 수 있다.

특히 말을 많이 해야 하는 직업인 경우, 인체의 중심부인 척추, 골반, 복부를 지탱하는 코어근육(일반적으로 등, 복부, 엉덩이, 골반 근육)이 잘 단련되어 있어야 목이 쉬지 않고 건강한 소리를 장시간 유지할 수 있다. 마른 몸에 왜소한 체구의 여성들이 "목소리가 작고 약해서 고민이에요"라면서 찾아오는 경우가 많은데, 유산소 운동과 코어 운동만 병행해도 목소리는 엄청나게 우렁차진다. 뱃심이 달라지면 소리에 실리는 힘이 달라지는 것이다.

다음은 집에서 누구나 쉽게 할 수 있는 코어 운동이다. 특히 보이스 트레이닝 전에는 가볍게라도 꼭 해보도록 하자.

| 코어 운동: 플랭크 30초 x 3세트 |

플랭크는 엎드린 자세에서 양발 앞꿈치로 바닥을 짚은 뒤 전신을 수평이 되도록 들어올리는 운동이다. 이때 발꿈치는 90도가 되도록 유지하고 다리는 골반 너비 정도로 벌린다. 엉덩이 위치는 너무 낮거나 높지 않게 몸높이에 맞춰서 유지한다. 자세가 올바른지 신경 쓰면서, 처음엔 30초, 1분, 2분… 이렇게 시간을 늘려가 보자.

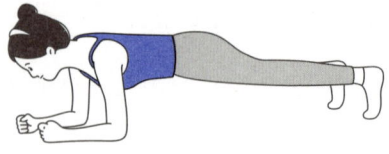

| 상복부 운동: 크런치 25회 x 3세트 |

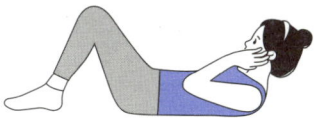

먼저 바닥에 누워 무릎을 구부리고 발이 바닥과 떨어지지 않도록 한다. 양손을 귀에 대고 복부에 힘을 주면서 어깨가 바닥에서 10센티미터 정도 떨어지도록 등을 둥글게 구부리면서 상복부를 수축한다. 이때 목을 과도하게 올리면 목 근육이 긴장되므로 주의한다. 상복부의 긴장을 느끼면서 천천히 몸통을 바닥에 눕힌다. 이때 머리가 완전히 바닥에 닿지 않도록 한다.

| 하복부 운동: 레그 레이즈 25회 x 3세트 |

등과 허리, 엉덩이를 바닥에 밀착시킨 상태에서 숨을 들이마신 후, '후~' 하고 숨을 내쉬며 다리를 빠르게 올린다. 이후 숨을 들이마시면서 천천히 다리를 내린다. 이때 발뒤꿈치는 지면과 일정간격을 반드시 유지해야 한다.

나 자신을 소중히 여기는 것은 내 몸을 건강히 지키는 것에서부터 시작된다.

" 몸이 바로 서야 말도 바로 선다 "

영국 행동미래학자 윌리엄 하이엄 박사가 이끄는 연구팀이 20년 뒤 사무직 노동자들의 신체 구조를 예측한 모습을 공개했다. 바르지 못한 자세로 장시간 책상에 앉아 컴퓨터 스크린만 보고 있으니 미래의 신체구조는 굽은 등, 거북목, 볼록 배, 부은 다리로 이루어져 있고 그

 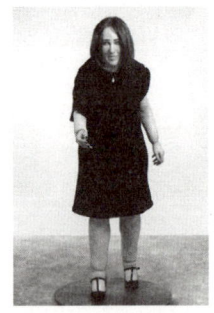

미래의 사무직 노동자 체형 예측을 토대로 만든 실물크기의 인형
(※출처: 윌리엄 하이엄(2019), 〈미래의 직장동료 *The Work colleague of the Future Report*〉)

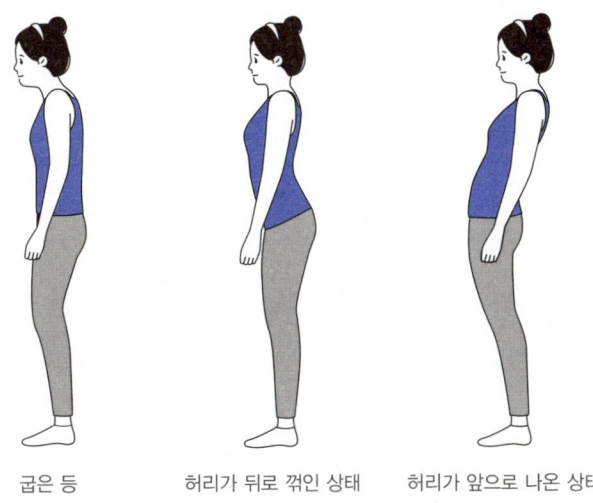

굽은 등　　　　허리가 뒤로 꺾인 상태　　　허리가 앞으로 나온 상태

　모습은 흉측하기까지 하다. 연구팀은 앉은 자세를 바로잡고, 더 많이 움직이고, 규칙적으로 걸으며, 휴식을 취하지 않으면 머지않아 환자가 될 것이라고 경고했다. 20년 뒤의 모습이라 당장 와닿지 않는다면 위의 그림을 보자.

　어떤가? 우리가 무의식중에 취했을 가능성이 매우 높은 자세다. 몸의 자각을 놓치는 순간 나 역시도 무심코 등을 구부리고 앉는다든지 허리에 너무 힘을 많이 주는 경우가 종종 있다. 한때는 가운데 자세처럼 허리를 아주 꼿꼿하게 세우다 못해 뒤로 꺾인 자세가 곧은 자세라고 잘못 알고 있기도 했다(이 자세에서 꼬리뼈를 살짝 말아서 허리의 굴곡을 비교적 평평한 수준으로 만들어야 바른 자세다).

　위와 같은 자세를 오래 취하면 근육이 긴장돼 목과 어깨, 등, 허리 통증을 유발한다. 아프고 뻣뻣하게 긴장된 몸(악기)에서 좋은 소리가 나올 리 만무하다. 소리를 내는 데 쓰이는 근육들이 잔뜩 긴장한 상태로 몸을 지탱하는 데 사용되는 데다 소리가 나오는 통로가 비틀어져 호흡과 발성에 지장이 있을 수밖에 없다. 즉, 자세가 무너지면 호흡과 발성이 동시에 무너진다.

 소리를 자유자재로 다루는 연기자, 뮤지컬 배우, 성악가, 바이올리니스트와 함께 습관화된 동작이나 생활습관을 변화시켜 심리정서적인 문제를 치료하고자 하는 기법인 '알렉산더 테크닉' 워크숍에 참여한 적이 있다. 실력이 출중한 프로들이 현재 자신의 자세를 점검받기 위해 코치 앞에서 잠깐씩 자신의 연기, 노래, 연주 등을 보여주었다. 그런데 정말 신기하게도 긴장을 이완하는 법을 배운 후 자세를 조금씩 바꾸자 그들의 연기, 노래, 연주의 깊이가 확 달라지는 것이 아닌가! 감정의 폭이 활짝 열려 어느 곳 하나 눌린 데 없이 풍성한 소리로 전해지는 감동은 이전과는 전혀 달랐다. 바른 자세의 이완된 몸에서 본래의 깊은 소리를 찾을 수 있음을 자각하는 순간이었다.

 옆의 그림을 참고해 거울 앞에서 바른 자세를 취해보자. 척추는 바른 자세일 때 가장 자연스러운 S자 커브 모양을 보인다. 옆에서 보면 귀-어깨-고관절(엉덩관절)-무릎-복사뼈 앞이 일직선을 그리면서 정확히 어깨 위에 머리가 놓여 있는 자세가 바른 자세이다.

 다리는 골반 너비로 벌리고 11자로 선다. 양손으로 골반 옆을 짚고 골반 라인을 따라 내려오면 앞쪽의 튀어나온 뼈가 있는데, 이 뼈와 무릎, 두 번째 발가락을 일자로 만든다. 발뒤꿈치가 아닌 양 발바닥 전체에 몸무게를 고르게 싣는다. 무릎은 긴장을 풀고 관절을 유연하게

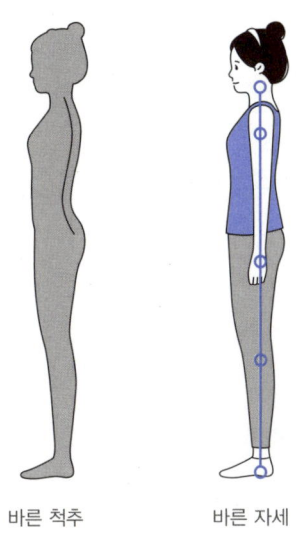

바른 척추　　바른 자세

둔다. 머리 한가운데에 투명한 줄이 달려 있어서 위로 잡아당긴다고 상상해보자. 목과 턱 사이에는 아주 부드러운 솜으로 만든 공이 있어서 턱을 들면 그것이 떨어진다고 상상해보자. 자연스럽게 턱은 살짝 당겨진 상태가 된다. 척추는 제대로 펴져 있고, 머리는 위로 부드럽게 당겨져 척추 위에 머리가 얹혀 있다는 느낌이 들어야 한다. 어깨를 뒤로 돌리면서 견갑골(어깨뼈)을 내려 어깨와 귀가 멀어지게끔 한다. 평평한 벽에 머리와 어깨, 엉덩이, 발뒤꿈치를 밀착시키면서 자세를 유지한 다음 벽에서 떨어져 거울 앞에서 자신의 자세를 확인해보라.

　이렇게 바로 선 상태가 되어야 몸에 불필요한 긴장이 빠지고, 소리의 통로에 막힘이 없어 온몸에서 소리가 풍성하게 울릴 수 있다.

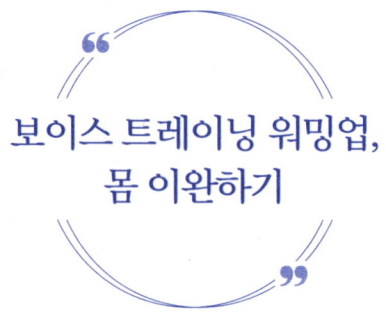

보이스 트레이닝 워밍업, 몸 이완하기

많은 사람들 앞에서 말을 할 때, 평상시와는 다르게 경직된 목소리가 튀어나와 놀란 경험이 있는가? 긴장하면 갑자기 목소리 톤이 높아지면서 가늘어지거나, 눌린 목소리, 심한 경우 염소처럼 떨리는 목소리가 나오기도 한다. 그런 목소리를 내 귀로 듣는 순간 '아, 나 떨고 있구나!'라는 자각을 하게 되면서 더 떨렸던 경험, 누구나 한 번씩은 있을 것이다.

몸과 그 몸에서 나는 소리는 언제나 마음 상태에 따라 미세하게 반응하는 법이다. 조금만 긴장감을 느껴도 자신도 모르게 목과 어깨를 움츠리게 되는데, 이는 즉시 성대를 조여 경직된 소리를 만든다. 약간의 긴장감은 정신을 깨우는 데 도움이 되지만, 목소리가 떨릴 정도의 긴장은 반드시 사전에 해소할 필요가 있다.

앞으로는 중요한 말하기 상황뿐만 아니라 목소리 훈련을 하기 전에 다음의 몸 이완 훈련으로 몸을 가볍고 부드럽게 풀어주도록 하자. 몸 이완 훈련을 통해 쓸데없는 긴장 없이 최소한의 에너지로 좋은 소리를 내는 최적의 몸 상태를 만들어보자.

| 몸 이완 훈련 |

먼저 가볍게 오른손을 털면서 '우~~' 발성을 한다. 왼손을 털면서 '오~~' 발성을 한다. 소리를 낼 때는 몸의 울림을 느껴본다.

오른발을 털면서 '아~~' 발성을 한다. 왼발을 털면서 '어~~' 발성을 한다.

엉덩이로 크게 원을 그리면서 '험~~' 허밍을 한다. 반대 방향으로도 반복한다.

몸 앞에서 깍지를 낀 후 양팔을 앞쪽으로 쭉 뻗으면서 손바닥이 바깥을 향하게 돌린다.

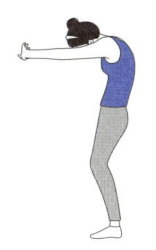

무릎을 살짝 굽힌 후 등을 동그랗게 말아 배꼽을 바라본다. 5초간 유지한다.

깍지를 낀 상태에서 손바닥이 위쪽을 향하게 한 뒤 양팔을 약간 뒤위로 5초간 밀어준다.

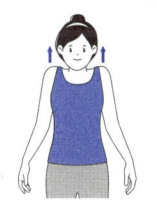

귀 쪽을 향해 양쪽 어깨를 올린 상태로 5초간 있다가 어깨를 아래로 툭 내리면서 긴장을 풀어준다.

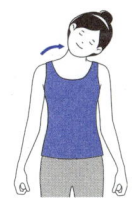

귀가 어깨를 향하도록 기울이면서 반대편 어깨를 부드럽게 아래로 내린다. 5초간 유지한 후 반대편을 반복한다.

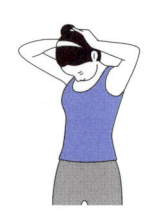			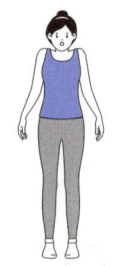
양손은 머리 뒤쪽에서 깍지를 낀 뒤 5초간 머리를 지긋이 누른다.	양 엄지손가락으로 턱을 밀어 올리면서 목을 최대한 뒤로 젖힌다. 5초간 유지한다.	어깨를 크게 뒤로 여러 번 돌리고, 앞으로 돌리기를 반복한다. 이때도 '험~~' 허밍을 한다.	어깨를 들썩이며 '아~~' 소리를 낸다.

팔을 번갈아가며 하늘로 쭈욱 뻗는다.	공기를 가르듯이 공간을 향해 양팔을 번갈아 뻗는다.	몸에 힘을 쫙 뺀 상태에서 무릎으로 가볍게 바운스한다.	마지막으로 큰소리로 안도의 한숨을 내쉰다. '아~~'

 YouTube 훈련 영상
보이스 트레이닝 워밍업, 몸 이완 훈련

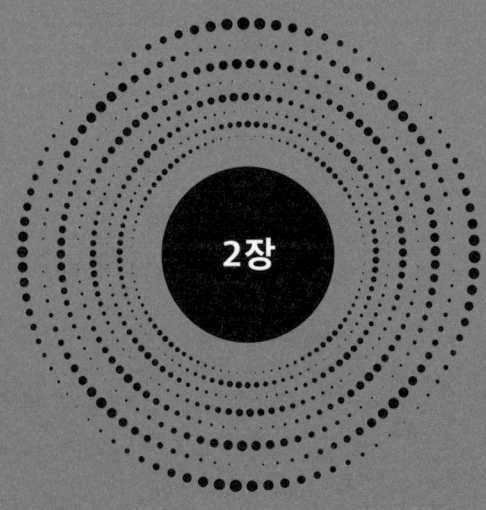

2장

진정한 나를 만나는 시간, 복식 호흡

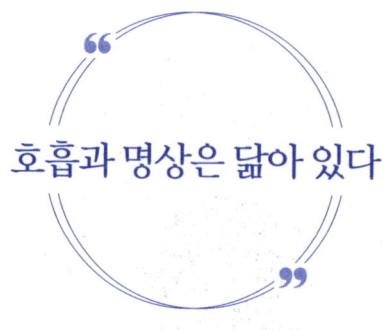

호흡과 명상은 닮아 있다

    삶의 시작과 끝에는 호흡이 있다. 인간은 태어나 스스로 최초의 숨을 쉬기 시작하고, 얕은 숨이 멎으며 생을 마감한다. 따라서 숨을 쉰다는 것 자체가 내가 살아 있음을 알리는 증표이자, 현재의 '나'라는 존재를 자각하게 해주는 것이다. 우리 몸안의 모든 장기는 자율신경계 작용에 지배를 받고 있어서 내 의지대로 심장을 멈추게 하거나 위장을 움직일 수 없다. 그런데 자율신경계의 지배를 받으면서도 유일하게 내 의지로 작용할 수 있는 것이 바로 폐의 작용, 호흡이다!

    조용히 호흡에 주의를 기울여보라. 매순간 숨이 들어오고 나가면서 생명이 유지되는 기적을 느낄 수 있다. 들숨을 통해 산소를 마시고, 날숨을 통해 불필요한 이산화탄소를 내뿜으면서 생명을 유지하는 데 필요한 에너지를 만들어낸다. 그래서 조용히 호흡하다 보면, 늘 있기에 존재를 잊게 되는 '공기'에도 절로 감사한 마음이 든다.

특히 '날숨'이 목소리의 재료가 되는 것은 신비롭다. 날숨이 진동하는 성대를 지나면서 소리가 만들어지고, 그 소리가 가슴, 몸통, 머리 등의 비어 있는 공간 안에서 증폭되어 조음기관(혀, 입술, 얼굴근육, 턱 등)을 거쳐 입 밖으로 나올 때 비로소 '말'이 된다. 즉, 몸이 있고, 숨이 들어오고 나가고, 숨이 소리가 되고, 소리가 말이 된다. 몸이 말의 시작이다!

이렇게 자신의 호흡을 세심하게 알아차리면, 내 몸과 마음의 상태가 바로 보인다. 몸이 건강하고 마음이 평온한 상태일 때 호흡은 깊고도 느리다. 반면 화가 나거나 짜증이 날 때의 호흡은 얕고도 빠르다. 의식도 못하는 사이에 즉각적으로 내 상태를 반영하는 것이 호흡이고, 그 호흡에 따라 달라지는 것이 바로 목소리다. 이보다 나를 더 적나라하게 표현하는 수단이 있을까. 즉 바른 몸을 바탕으로 바른 마음을 품을 때, 호흡은 깊고 평온해지면서 아름다운 목소리, 바른 말이 나올 수 있다.

이처럼 목소리 훈련의 시작이자 핵심은 '호흡'이다. 그런데 명상 역시 눈을 감고 자신의 호흡을 살피는 것이다. 시끄러운 세상사에서 잠시 벗어나 오로지 내 안으로 깊이 들어가 내면을 살피는 것이 바로 명상이다. 명상을 깊이 하다 보면 저절로 내면의 목소리, 진정한 나 자신을 만나게 된다. 내면의 목소리와 외면의 목소리를 일치시켜 진정한 나를 찾는 과정에서 '명상'은 절대 빠질 수 없는 요소임을 최근 몇 년간 명상을 하며 깨달았다.

호흡을 통해 현재에 머무는 법을 익히는 명상과 보이스 트레이닝의 복식 호흡이 만나면, 행복의 비밀인 '현재'의 문을 여는 열쇠를 쥐는 것이다. 자신이 지금 어떤 목소리로 무슨 말을 하는지 있는 그대로 바라볼 수 있다면, 다소 실수를 하더라도 순간적인 자각이 계속해서 일어난다면, 우리가 사는 세상이, 우리들의 관계가 좀 더 부드러운 기운으로 채워지지 않을까?

간단하게나마 21일간의 보이스 트레이닝 중간 중간 총 8개의 명상 파트를 넣었으니, 복식 호흡과 함께 잠깐의 명상으로 당신의 마음이 고요하고 평화로워지기를 바란다.

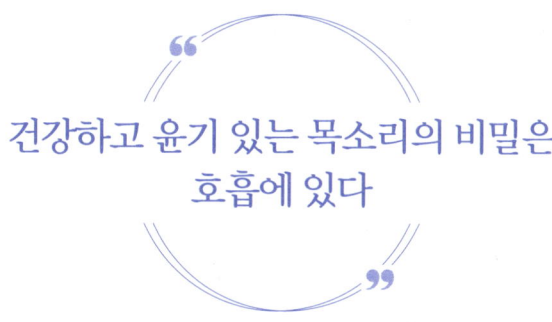

건강하고 윤기 있는 목소리의 비밀은 호흡에 있다

목소리 훈련을 할 때, 가장 기본적으로 '호흡, 발성, 발음' 3가지를 훈련하는데 앞서 언급했듯이 '호흡'이 좋은 목소리를 내는 데 가장 중요하다. 안정된 호흡이 뒷받침되지 않는 상태에서는 좋은 발성이 나올 수 없기 때문이다. 발음 역시 원활한 공기의 흐름(호흡)을 타고서 입 밖으로 나올 때 명료하게 만들어진다.

특히 건강하고 윤기 있는 목소리를 내기 위해서는 '복식 호흡'에 익숙해져야 한다. 그런데 우리가 평상시에 익숙한 호흡은 '흉식 호흡'이다. 이 둘의 차이는 무엇일까. 쉽게 설명하면 흉식 호흡(가슴 호흡)은 가슴을 구성하는 뼈인 늑골이 움직이면서 이루어지는 호흡으로, 가슴을 부풀려서 숨을 들이마시고 내쉬는 얕은 호흡을 말한다. 숨을 들이마셨을 때 어깨는 올라가고 가슴은 부풀어 오르며 배는 쏙 들어간다. 반대로 내쉬면 가슴과 어깨는 내려오고 배는 툭 나오게 된다. 흉식 호흡을 크게 4번만 반복해보라. 살짝 어지러움을 느낄 정도로 숨이 가빠지고, 목과 어깨에 힘이 들어가 경직되는 느낌도 들 것이다. 폐활량이 적은데다 가슴과 어깨가 들썩이면서 에너지 소모가 많은 호흡이라 그렇다. 특히 가슴으로 얕게 쉬는 호흡이기에 깊이 있는 소리가 아닌 들뜨고 약한 소리가 만들어진다. 따라서 감정에 따른 다양한 목소리 표현도 어렵고 말이 쉽게 빨라지기도 한다.

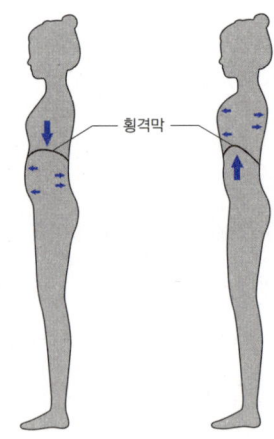

들숨일 때의 복식 호흡 VS 흉식 호흡

이와는 반대로 풍성하고 울림 있는 소리를 가능하게 해주는 '복식 호흡'을 익혀보자. 복식 호흡이란 가슴 위로 쉬는 얕은 호흡이 아니라 공기를 폐 아래쪽으로 보내며 배로 깊게 숨을 쉬는 것을 말한다. 폐의 끝부분에는 횡격막(가슴과 배를 나누는 근육으로 된 막으로 횡격막의 위쪽은 가슴, 아래쪽은 배로 구분이 되며 가로막이라고도 한다)이 붙어 있는데, 심호흡을 하면 이 횡격막이 아래로 내려가면서 흉강은 넓어지고 폐는 확장되면서 공기가 들어오게 된다. 이때 횡격막의 이동에 의해 배 안의 장기들이 아래로 눌리면서, 배는 앞으로 나오게 된다. 그리고 숨이 나가면 횡격막은 다시 위로 움직이고 지붕 모양은 더 뾰족해진다. 횡격막이 이렇게 위아래로 움직이면서 동시에 배도 함께 움직이기 때문에 마치 배가 숨쉬는 것처럼 보이는 것이다.

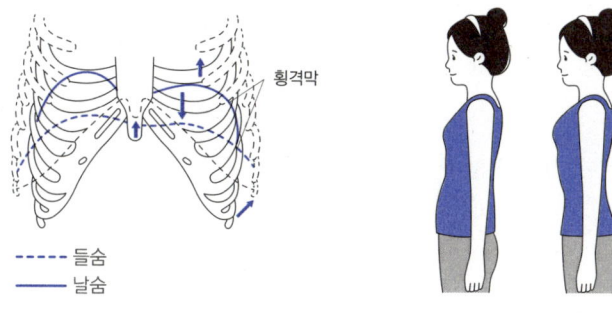

복식 호흡 시 횡격막과 흉강의 움직임   들숨 vs 날숨 시 배의 측면 모습

이해하기 쉽게 고무풍선을 떠올려보자. 고무풍선에 공기가 들어가면 빵빵하게 부풀어오르는 것처럼, 숨을 들이마시면 배에 공기가 가득차면서 볼록 나온다. 그리고 숨을 내쉬면 풍선에 바람이 빠지듯 공기가 나가면서 배는 홀쭉해진다. 실제로는 배가 아닌 폐에 공기가 차는 것이지만, 겉으로 봤을 때는 배가 주로 움직이기 때문에 배에 공기가 들어간다는 이미지를 상상하면 훨씬 몸으로 익히기가 쉽다.

복식 호흡은 흉식 호흡에 비해 더 많은 양의 공기를 폐 깊숙한 곳까지 한 번에 채울 수 있기 때문에 많은 양의 공기가 발성기관(성대)과 공명기관(비강, 구강, 인두강 등)을 통과하면서 훨씬 크고 울림 있는 소리를 만든다. 또한 어깨가 들썩이지 않아 에너지 소모가 적고, 배로 공기의 압력을 조절해 소리를 내기 때문에 목 주변에 힘이 들어가지 않아 장시간 말을 해도 피로가 적다. 후반부에 찬찬히 익히겠지만 말의 속도나 성량 조절도 복식 호흡으로 할 수 있다.

이때 배에 힘을 주는 위치에 따라서도 소리가 달라진다. 명치 부근의 윗배가 아니라 단전이라 불리는 배꼽에서 세 손가락, 약 5센티미터 아래 지점인 아랫배에 집중해야 한다. 에너지가 모이는 장소인 단전에서 소리가 뻗어 나왔을 때 비로소 탄탄하고 안정된 소리로 자유로운 감정 표현이 가능해진다. 폐활량이 커지는 것은 물론 내장에 자극을 주어서 신진대사에도 도움이 된다.

양손을 아랫배에 갖다 대보자. 단전 부근을 감싼 상태에서 배의 움직임을 느껴가며 복식 호흡을 해보자. 마치 단전까지 깊게 숨을 들이마신다는 기분으로 호흡하는 것이다.

- 호흡이 자연스럽게 몸으로 들어오고 나가는 미세한 감각을 눈을 감은 상태에서 잠시 느껴본다.
- '후~~~' 하면서 숨을 완전히 내쉰다. 배가 홀쭉해진 상태에서 4초간 서서히 코로 숨을 들이마시고, 8초간 입으로 서서히 내쉰다.
- 이번에는 4초간 들이마시고, 4초간 호흡을 멈추고, 4초간 내쉬어 보자. (3회 반복) 특히, 숨을 멈추었을 때 아랫배를 제외한 다른 부분에 힘이 들어가지 않도록 주의해야 한다. 이때 아랫배에 들어가는 가벼운 긴장감이 당신이 말을 할 때 계속 느껴야 하는 아랫

배의 감각이다.

- 2초 들이마시고, 4초 내쉬어본다. 천천히 들이마시고 내쉬기를 반복한다.

몸의 긴장감 없이 편안하게 앉은 자세에서 눈을 감고 방금 익힌 복식 호흡을 하면서 호흡을 관찰해보자. 이것이 가장 쉽게 할 수 있는 호흡명상이다. 숨이 들어오고 나가는 것을 알아차리는 것은 몸과 마음의 균형을 잡는 데 매우 도움이 된다. 숨을 짧게 내쉴 때는 짧게 내쉬는 것을 알아차리고, 길게 들이마실 때는 길게 들이마시는 것을 알아차린다. 잡념으로 마음이 빼앗길 때마다 그것을 알아차리고 다시 호흡으로 돌아오는 것이다. 이때 새로운 숨을 들이마실 때마다 복福이 들어온다는 상상을 해보자. 복福이 들어오니 복식福式호흡이라는 생각을 하면 기꺼이 숨을 깊게 쉬리라. 숨을 들이 마실 때마다 세상의 복이 내 몸안에 가득 채워지고, 내쉴 때마다 내 몸의 탁하고 부정적인 에너지가 쑤욱 빠져나간다고 상상해보자.

〈실전편〉에 수록한 명상에서 호흡이 자연스럽게 들어오고 나가는 것, 내 몸의 감각, 생각과 감정을 있는 그대로 바라보고 자신을 사랑으로 채우는 훈련을 다루었으니 지금은 간단한 이론만 이해하고 넘어가도록 하자.

 YouTube 저자 강의
건강하고 윤기 있는 목소리의 비밀, 복식 호흡법

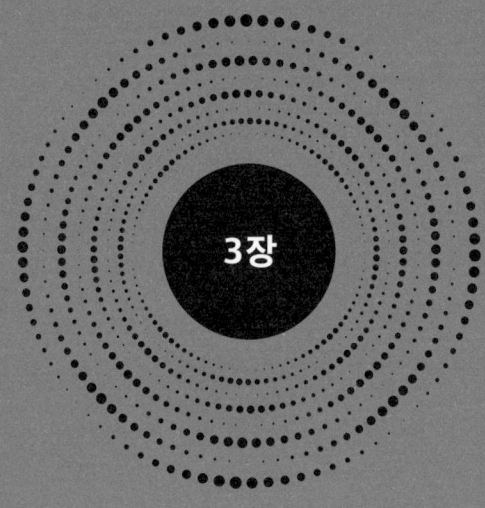

3장

발성, 몸안의 에너지가 밖으로 표출되다

목을 크게 열면 자신감이 솟구친다

"목소리 때문에 자신이 없어요." 혹은 "자신감이 없어서 목소리가 자꾸만 작아져요." 상담을 나눌 때 자주 듣는 얘기다. 목소리와 내적 자신감은 서로 깊은 영향을 주고받는다. 그래서 나와 같은 목소리 코치들은 목소리 트레이닝을 통해서 사람들의 자신감을 끌어올리고, 꽉 차오른 충만한 자신감이 그들의 삶의 전 영역으로 퍼지는 모습을 흐뭇하게 지켜보곤 한다.

특히 깊은 호흡을 통해서 단전에 모인 몸안의 에너지를 끌어올려 힘차게 발성을 할 때, 사람들의 자신감은 고조된다. 발표나 면접 같은 중요한 스피치에서 목소리를 크게 내라고 조언하는 것은 바로 그 순간 나의 자신감이 상승하고, 그 에너지가 상대(청중)에게 고스란히 전해지기 때문이다.

자, 몸안의 에너지를 막힘없이 세상으로 힘차게 표출하기 위해서는 앞서 설명한 이완된 몸과 바른 자세, 복식 호흡이 우선되어야 하고, 이어 목구멍을 활짝 연 채 단전의 힘으로 발성하는 법을 익혀야 한다.

먼저, 목구멍을 여는 훈련부터 해보자. 듣기에 좋지 않은 목소리를 내는 사람들의 주된 습관을 보면, 십중팔구 입을 작게 벌린 채 웅얼웅얼 말한다. 입을 위아래로 크게 벌리지 않으면, 목 안쪽이 닫힌 상태가 되어 공기가 원활하게 목구멍을 통과하기 힘들어지고 입안 공간이 좁아져 소리가 충분히 울릴 수 없다. 이런 상태에서는 발음의 명료성이 떨어지는 것은 물론, 입 밖으로 소리가 시원하게 뻗어나가지 못해 안으로 먹어 들어가는 답답한 소리, 납작하고 경직된 소리가 만들어진다.

턱을 내린다는 느낌으로 입을 활짝 열어주면서 동시에 목구멍을 확장시켜주는 것만으로도 목소리는 매우 부드럽고 풍성하게 변한다. 거울을 보면서 입안을 관찰해보면 목구멍 중간에 목젖이 보이고, 목젖 양 옆으로 둥글게 내려오는 부분은 마치 '아치'처럼 생겼다. 목의 아치를 마치 하품할 때처럼 활짝 열어주면, 연구개(입천장 뒤쪽의 부드러운 근육)는 위로 살짝 올라가고, 목 안쪽은 크고 둥글게 확장되는 것이 느껴질 것이다.

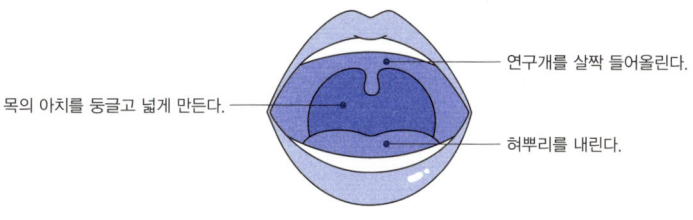

좋은 발성을 위한 입 모양

그런데 이때 과도하게 목 안쪽에 힘을 주어서는 절대 안 된다. 연구개를 살짝 들어올리면서 목구멍을 열어주는 느낌이면 된다. 이때 혀끝은 아랫니 안쪽에 놓고, 혀뿌리는 아래로 내려서 혀가 목구멍을 막지 않도록 한다. 즉, 이렇게 입을 크게 벌리고 목의 아치를 열어주면 소리가 울릴 수 있는 입안 공간이 넓게 확보된다.

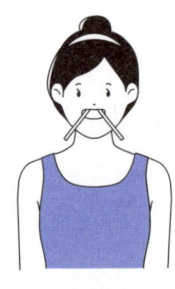

목의 아치 넓히기

목의 아치가 확장되는 느낌을 잘 느끼기 위한 방법으로 나무젓가락을 이용해볼 수 있다. 나무젓가락을 세워서 두툼한 쪽을 하나씩 양 어금니에 가볍게 물어본다. 나무젓가락의 크기가 같아야 무는 데 지장이 없다. 최대한 어금니 바깥쪽으로 물었을 때 아치의 상태가 확실히 크고 넓어지는 느낌을 받을 것이다. 나무젓가락을 물었다 뺐다를 반복하면서 아치가 확장된 감각을 몸으로 기억하자.

나무젓가락을 문 상태로 다음에 이어지는 기초발성 훈련을 해보는 것도 감각을 익히는 데 도움이 될 것이다.

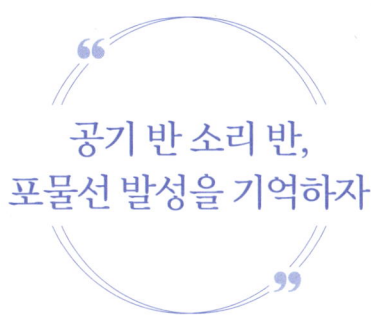

공기 반 소리 반, 포물선 발성을 기억하자

 복식 호흡과 아치 개방을 기억하면서 본격적인 기초발성 훈련을 해보자. 우선 소리는 내지 말고 '하아~~~' 하고 하품하듯이 숨을 내뱉어보자. 공기가 배에서 쑥 빠져나가는 것이 느껴지는가? '하아~~ 하아~~ 하아~~' 세 번 반복한 후, '공기 반 소리 반'을 만든다는 느낌으로 공기에 소리를 실어보자. 단전으로부터 쭉 올라온 공기가 성대를 통과한 후, 입안에서 둥글게 공명해 입 밖으로 시원하게 뻗어나가야 한다. 손으로 포물선을 그리면서 '하아~~~~' 소리를 내면 이러한 감각을 더 빠르게 체득할 수 있다.

 처음에는 한 번의 호흡으로 3초 정도 포물선을 그리며 몸속의 공기가 소리가 되어나가는 감각을 익힌다. 익숙해지면 멀리 가상의 점을 하나 찍고 그 점으로 소리를 긴 포물선을 그리면서 보낸다는 상상을 하며 소리를 5초에서 7초, 10초로 점점 길게 내보자. 일정한 양의 공

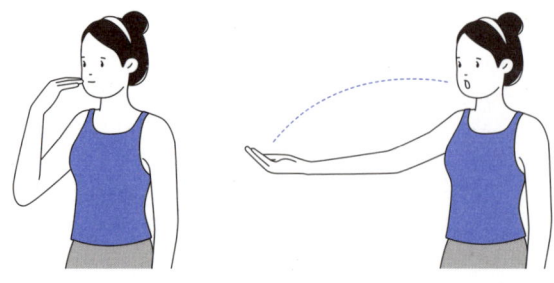
포물선을 그리며 발성 연습

기를 고르게 천천히 내보내지 않으면 소리가 흔들리며 불안정해진다. 아랫배를 몸 안쪽으로 당기는 힘이 일정하게 유지되어야 일관된 성량의 소리가 나온다.
  이번엔 아치를 둥글게 연 상태에서 짧은 단어와 문장을 천천히 읽으면서 발성 연습을 해보자.

왕자   하늘   아버지   할머니   아리랑   호랑이
해바라기 화분   하마의 하품   안개 낀 항구
행복한 어머니   하와이의 야자나무

  문장을 읽을 때는 의미 단위별로 호흡을 하면서 끊어 말해야 의미가 상대방에게 잘 전달된다. '하나의 의미 덩어리는 한 호흡으로'의 원칙을 지키며 손으로 둥근 억양(포물선)을 그리면서 말해보자. 세련되고 전문적인 느낌의 억양이 단번에 만들어진다. 게다가 자연스럽게 어미의 억양이 내려가 신뢰감이 더해진다.

아기와 엄마가 / 호호하하 웃는다.
아주머니가 하루 종일 / 하품을 한다.
창문 너머로 함박눈이 / 펑펑 내린다.
하얀 종이에 / 커다란 동그라미를 그린다.

    발성을 할 때 가장 주의해야 할 점은 목에 힘을 빼는 것이다. 딱딱한 목소리, 꽉 막힌 목소리, 아이 같은 목소리, 톤이 지나치게 높거나 낮은 목소리, 조금만 말해도 목이 금세 쉬어버리는 목소리 등 좋지 않은 목소리의 주된 원인은 목에 지나치게 힘을 주기 때문이다. 목에 힘을 주면 성대와 그 주위 근육들이 경직되면서 공명이 잘 안되기 때문에 성대에서 만들어진 소리가 몸의 다른 부위로 가지 못하고 차단이 된다. 결국 성대와 그 주위 근육에만 의존해 소리를 내게 되므로 똑같은 소리를 내더라도 공명하지 못해 성대에 몇 배 더 힘이 들어가게 된다. 결국 성대를 혹사시켜 성대 이상의 원인이 된다. 지금 익히고 있는 복식 호흡과 아치 확장만 제대로 해도 목에서는 힘이 빠지면서 소리는 훨씬 맑고 깊어진다.

 YouTube 저자 강의
좋은 목소리를 위한 입 모양 만들기

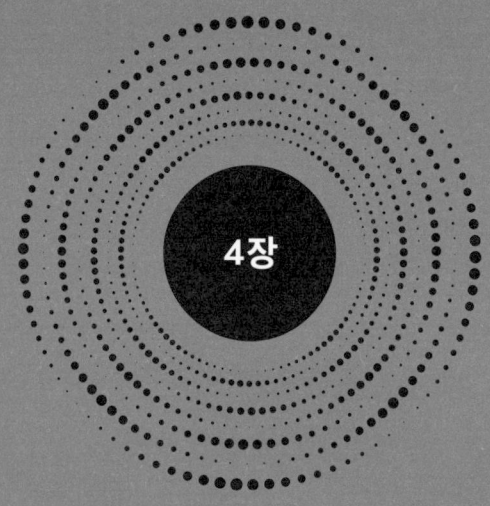

4장

세상과 공명하는 나의 목소리

몸의 공명을 느껴라

가끔 힘주어 말을 할 때, 내 소리의 파장이 울려 퍼져 세상과 공명하는 상상을 해본다. 마찬가지로 지금 내가 책에 담고 있는 메시지의 울림이 당신 마음에 가닿아 공명하는 상상도 해본다. 음악가가 혼신의 힘을 다해 아름다운 음악을 연주하는 것을 들어본 적이 있을 것이다. 음악의 선율 속엔 음악가가 전하고 싶은 혼과 열정이 담겨 있기에 우리의 가슴을 뭉클하게 한다. 바로 그게 공명共鳴이다. 함께 하나가 되어 울리는 것. 타인, 더 나아가 세상과의 소통 이전에 필요한 것은 내 몸과의 소통이다. 나의 소리가 상대에게 전해지려면 소리의 파장, '울림'이 필요하듯 먼저 내 몸에서의 울림을 자각하고, 자유자재로 풍성한 울림을 만들 수 있어야 한다.

소리는 단순히 성대에서만 만들어지는 것이 아니다. 1.5~2센티미터 가량의 작은 성대에서 나오는 소리는 매우 작고 미약하다. 예를 들어

바이올린 같은 현악기의 줄만 따로 떼어내어 진동시키는 소리와 바이올린 몸체와 함께 공명하여 증폭된 소리는 전혀 다르다. 공명이 되어야 크고도 깊은 아름다운 음색을 갖게 된다. 우리 몸에서 만들어지는 소리도 마찬가지다. 가장 가까이는 성대 주변의 공간인 인두강, 구강, 비강, 부비강, 두개골 등의 빈 공간 안에서 성대의 진동음과 함께 울리면서 개개인의 고유한 소리 빛깔을 만들어낸다. 뿐만 아니라 뼈, 연골, 온몸의 다양한 근육들이 공명을 만드는 데 사용된다.

일반적으로 음이 높을수록 우리는 두성을 많이 사용하고, 음이 낮을수록 가슴(흉강)이 진동한다. 몸의 어느 부분을 공명하느냐에 따라서 음색과 톤이 크게 달라지기 때문에 다양한 소리를 자유자재로 내기 위해서는 소리가 나올 때의 공기의 흐름과 진동, 그때의 톤, 음색 등의 민감한 차이를 몸으로 느낄 수 있어야 한다. 예를 들어 고개를 앞으로 숙인 상태에서 '히~히~히~' 소리를 내보라. 앞니와 인중 부분이 진동한다. 고개를 바르게 한 상태에서 '허~허~허~' 소리를 내면 소리가 입안에서 둥글게 진동한다. 마지막으로 고개를 뒤로 젖힌 상태에서 '하~하~하~' 소리를 내면 가슴 전체가 진동한다.

건강한 삶을 사는 것뿐만 아니라 좋은 소리를 내기 위해서도 몸의 자각은 필수다. 소리를 낼 때 몸의 어느 부분이 울리는지 혹시 몸에 불필요한 힘이 들어간 부분은 없는지 계속해서 몸에 주의를 기울이며 확인하는 습관이 들어야 혼자서도 훈련이 가능하다. 내 몸과 성대가 가장 편안한 상태를 찾아가는 과정, 그것이 바로 당신의 자유롭고 진정한 소리를 찾는 목소리 훈련이다.

최적의 톤과 울림을 찾는 비법, 마스크 공명

듣는 순간 매료되는 목소리에는 세 가지 공통점이 있다. 첫째, 목소리 톤이 안정적인 중저음이라는 점. 둘째, 목소리에 풍성한 울림이 부드럽게 실려 있다는 점. 셋째, 목소리에 진실된 감정이 담겨 온전하게 상대에게 전해진다는 점이다. 낮고 부드러운 울림이 감정과 함께 전달되는 목소리는 상대방을 편안하게 하면서 호감과 신뢰감을 동시에 전한다. 이 모두를 가능하게 만드는 비법이 바로 마스크 공명 발성에 있다. 다음의 '공명기관 단면도'를 보면서 쉽게 설명해보겠다.

성대가 있는 부분이 하인두강, 입이 있는 부분이 중인두강, 코와 연결된 곳이 상인두강이라 한다. 중음 정도를 낼 때는 중인두강이 공명하고, 고음일 때는 상인두강이 공명한다. 우리가 말을 할 때 신뢰감을 주는 중저음의 안정적인 음성을 찾기 위해서는 중인두강 부분을 공명시켜야 한다. 보다 정확히 말하면 목구멍 3분의 2 지점이다. 잠시

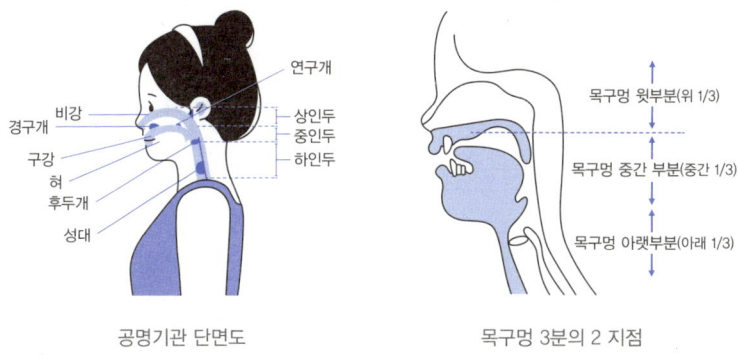

공명기관 단면도　　　　　목구멍 3분의 2 지점

후에 설명하겠지만, 이곳은 안면 마스크 부분을 부드럽고 맑게 울릴 수 있는 지점이기도 하다.

그리고 소리를 결정짓는 핵심 포인트가 하나 더 있다. 공기는 목 안쪽의 연구개(여린입천장)가 아닌 입 앞쪽의 경구개 부분을 울려야 입과 코(안면 마스크) 주변에 울림이 풍부하게 실린다는 점이다.

훈련받지 않은 보통 사람들의 목소리는 연구개에서 발성되는 경우가 많다. 목 안에서 퍼지는 소리, 허스키한 소리, 딱딱한 소리, 아이 같은 소리는 대부분 공기가 목 안쪽, 연구개 부분에서 만들어진다. 좋은 목소리의 진짜 비밀은 공기가 경구개를 치면서, 안면 마스크의 울림을 만드는 것에 달려 있다.

간단하게 마스크 공명을 실습해보자. 아치를 확장해 입을 크게 벌렸다가 '하~암~ㅁ~' 소리를 내면서 입안에 커다란 사탕 하나가 있다는 상상을 하며 입술을 다물어보자. 위아래 어금니는 뗀 상태로 입안에는 동그랗게 빈 공간이 생긴다. 복식 호흡을 하고 공기를 입안에 둥글게 머금은 상태에서 '하암~~~' 하고 입안의 공간을 의식하면서 허밍을 해보자.

코와 입 주변의
진동 느끼기

'하암~~~~~' 이때 코와 뺨 주위에 손바닥을 가볍게 대고서 '하암~~~~' 허밍을 반복해보자. 코와 뺨, 입 주변(마스크 주변)의 풍성한 울림이 손끝으로 느껴지는가? 목 안쪽에서 공기가 울리는 것이 아니라 공기가 마스크 부근으로 모이면서 부드럽게 진동하며 나오는 소리다. 복식 호흡으로 아랫배가 쑥 들어가면서 '하암~~~~' 울림을 통해 편안하게 튀어나오는 톤, 성대가 제자리에서 가볍게 진동하는 이 목소리 톤이 자신의 발성기관에서 나올 수 있는 가장 안정적이고 최적화된 자기 목소리 톤이다. 말을 할 때 가장 강력한 힘을 발휘하는 소리는 바로 이 톤에서 만들어진다는 점을 기억하자. 처음엔 최적의 톤을 찾기가 어려울 수 있으니, 이때는 프링글스 빈 통과 같은 소도구를 이용해보자.

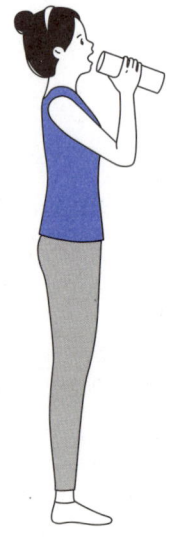

소도구를 활용한
최적의 톤 찾기

프링글스 통을 가볍게 잡고, 입으로 가져가서 입술이 닿을 듯 말 듯 적당한 거리를 유지한다. 먼저, 자신이 편안하게 낼 수 있는 가장 낮은 음으로 '아~~' 소리를 내본다. 그 다음 조금씩 음을 높여본다. 통을 쥐고 있는 손끝으로 전해지는 울림에 집중해보자. 통이 가장 크게 진동하는 음높이가 있을 것이다. 그게 바로 당신의 최적의 목소리로 공명이 가장 활성화되는 톤이다. 이어서 같은 톤으로 짧은 문장을 말해보자.

"아~~안녕하세요? 저는 ○○○입니다."

어떤가? 안정적인 톤에 울림이 실린 부드러운 소리가 들리는가?
당신에게 최고의 힘을 선사해 줄, 최적의 목소리를 찾은 것을 축하한다!

자, 이번엔 마스크 주변의 풍성한 울림을 또렷하게 하나로 모아볼 차례다. 인중, 보다 정확히 말하면 인중과 윗입술이 만나는 지점으로, 목구멍 3분의 2 지점에서 연결되는 부분에 집중해보자. 소리가 인중으로 모아진다는 느낌으로, '함~~~' 마스크 공명을 해보자. 윗입술과 앞니의 떨림이 느껴지는가?
좋다! 그렇다면, 이제 인중 부근에 집중된 공기가 입 밖으로 시원하게 뻗어나갈 차례다. 역시나 포물선을 상상하면 도움이 된다. 인중에서 튀어나온 소리가 둥글고 완만한 포물선을 그리면서 멀리 나아가는 것을 상상해보자. '함~~~' 허밍을 하다가 입을 크게 벌리면서 '마~~~' 하고 소리를 내보는 거다. '함~~' 할 때의 안정된 목소리 톤과 울림이 '마~~' 발성으로 그대로 이어지는 것이 핵심이다.

이상적인 공명점

특히 '마~~~' 발성을 할 때, 인중에서 공기가 탕! 하고 탄력 있게 튕겨나가는 느낌을 느껴보자. 바로 그 지점이 테니스를 칠 때 공이 라켓에 정확히 맞아 듣기 좋은 소리가 나는 지점, 스위트 스폿 Sweet Spot 으로 가장 이상적인 공명점이다. 스위트 스폿에서 소리가 튀어나갈 때 소리는 맑게 울리면서 멀리 있는 곳까지 또렷하게 전달된다. 공기 중에 소리가 연기처럼 퍼져버리는 것이 아니라 마치 단단한 심지처럼 상대방의 귀와 마음에 꽂히게 된다. 이 지점을 소리의 출발점으로 삼으면 당신의 목소리 에너지는 자신감이 넘치게 된다.

 YouTube 저자 강의
풍성한 목소리의 비밀, 마스크 공명 발성법

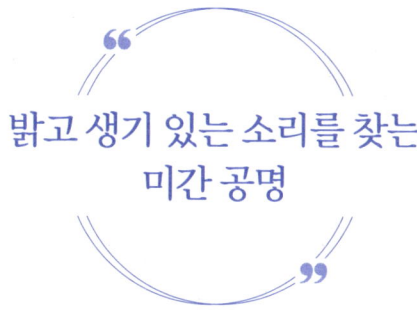

밝고 생기 있는 소리를 찾는 미간 공명

중저음의 안정된 소리를 만들 때 주된 공명의 위치는 '인중'이었다. 그러나 그보다 높은 톤의 밝은 소리를 만들고자 할 때는 '미간'을 공명하면 된다. 정확히 말하면 코끝에서부터 눈썹사이, 미간이 있는 곳까지 전체적으로 맑게 공명을 한다.

인중에서 "미이~미이~미이~"로 시작해서 손가락을 콧잔등에서 눈썹 쪽으로 끌어올리면서 "메이~메이~메이~" 소리를 내보자. 미간에서 소리가 울려서 튀어 나간다는 느낌을 가져보자.

이때 일곱 빛깔 무지개가 자신의 인중과 미간 부근에서 뻗어나간다는 상상을 하면서 소리내본다. 여러 가지 울림소리들이 마치 무지개처럼 조화롭게 내 몸 밖으로 나간다는 상상, 멋지지 않은가! 더욱 풍성하고 아름다운 소리가 공기 중에 울려 퍼질 것이다.

| 인중에 집중한 무지개 발성 | | 미간에 집중한 무지개 발성 |

 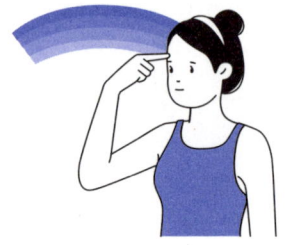

미이~미이~미이~미이~미이~
헤이~헤이~헤이~헤이~헤이~

메이~메이~메이~메이~메이~
헤이~헤이~헤이~헤이~헤이~

앞으로 나올 〈실전편〉 2단계에서는 승무원 기내방송부터 MC, DJ, 기상캐스터 등 전문 방송 원고를 바탕으로 다양한 목소리 훈련이 이루어진다. 이때 밝고 활기찬 목소리가 필요한 상황에서는 미간 공명 발성을 적극적으로 활용해보자. 반드시 입꼬리를 올려서 웃는 표정을 유지하며 말하는 것이 중요하다. '목소리와 표정은 한 세트'라서 무뚝뚝한 표정에서는 절대 밝은 느낌의 목소리가 나올 수 없기 때문이다.

> ▶ **YouTube 저자 강의**
> 여성스러운 예쁜 목소리의 비밀! 미간 공명법

다채로운 소리를 위한 음역 확장

〈실전편〉 1, 2단계는 마스크 공명으로 안정된 목소리 톤을 찾는 데 집중한다면, 3단계에서는 소리를 자유자재로 사용할 수 있도록 음역을 확장하는 연습을 한다. 우리에게 주어진 최상의 악기인 몸을 잘 조율해서 원하는 연주를 마음껏 해보는 훈련이 3단계에서 집중적으로 다루어진다.

'허우~' 개 짖는 발성을 통해 음역을 확장하는 간단한 연습을 해보자. 몸(가슴, 안면, 머리)안에 크기가 다른 세 마리의 개가 짖는다고 상상하면서 소리가 어떻게 달라지는지 체험해보자. 가슴에 있는 개는 덩치가 굉장히 큰 녀석으로, 짖을 때도 낮고 우렁찬 소리를 낸다. 안면에 있는 개는 덩치가 당신과 비슷하다. 마지막으로 머리에 있는 개는 덩치가 아주 작고 마른 녀석이다. 따라서 높고 작은 소리를 낸다.

| '허우' 발성으로 음역 확장 |

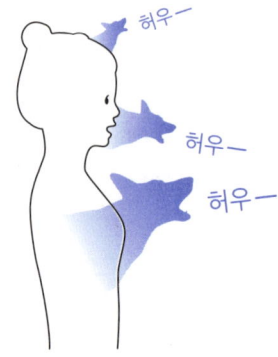

❶ 아랫배에 두 손을 얹고, 먼저 안면에 있는 개가 짖는다고 상상하면서 '허우! 허우! 허우!' 발성을 해보자. 안정된 음높이가 만들어지면서 안면 마스크 주변의 풍부한 울림과 함께 가슴, 머리가 고르게 진동하는 것이 느껴질 것이다.

❷ 이번엔 가슴에 있는 제일 덩치가 큰 녀석이 짖을 차례다. '허우! 허우! 허우!' 자신이 가장 편안하게 낼 수 있는 가장 낮은 음역대의 소리를 힘 있게 내본다. 이때 안면과 머리보다는 가슴의 진동이 훨씬 크게 느껴지는 것을 알 수 있다.

❸ 마지막으로 제일 작은 녀석 차례다. '허우! 허우! 허우!' 자신의 음역에서 가장 높은 소리를 내본다. 안면과 가슴보다는 머리의 진동이 가장 크게 느껴질 것이다. 톤을 높이더라도 목에 힘을 주는 것이 아닌 머리의 공명을 충분히 활용하는 점이 중요하다.

| '엄마' 발성으로 음역 확장 |

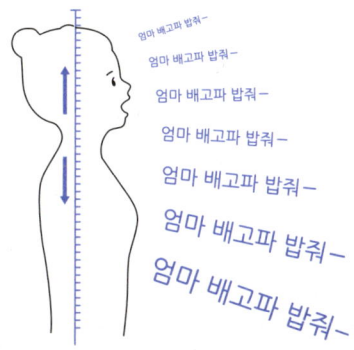

❹ 세 마리의 개를 순서에 상관없이 등장시키면서 여러 음역을 자유자재로 오가는 연습을 해본다. 이 훈련을 통해서 몸의 울림을 더욱 예민하게 느끼면서도 다양한 음역 안에서 이상적인 진동을 찾을 수 있게 된다.

이번에는 '엄마~배고파 밥줘~'를 통한 음역 확장 연습이다. 자신의 몸 안에 공명의 위치를 나타내는 눈금자가 있다고 상상하면서, 다양한 음역을 자연스럽고 유연하게 오가는 발성 연습을 해보자.

❶ 마스크 공명 발성을 통한 가장 편안한 톤으로 다음 문장을 한 음절씩 길게 늘여 발성해본다. 특히 마지막 음절인 '줘~~~~'는 호흡을 끝까지 내쉬면서 진동이 부드럽게 사라지도록 연습해본다.

'엄~마~배~고~파~밥~줘~~~~~' (중음)

❷ 톤을 한 단계씩 천천히 내리면서 저음의 음역대를 연습해본다.

'엄~마~배~고~파~밥~줘~~~~~' (저음)

❸ 여성이라면 다시 중음에서 시작해 톤을 한 단계씩 올리면서 고음의 음역대에 도전해본다.

'엄~마~배~고~파~밥~줘~~~~~' (고음)

〈실전편〉 3단계에서의 발성 훈련은 음역 확장 연습으로 이루어져 있으므로, 위 기초 내용을 충분히 인지한 후에 본격적인 훈련에 들어가도록 하자.

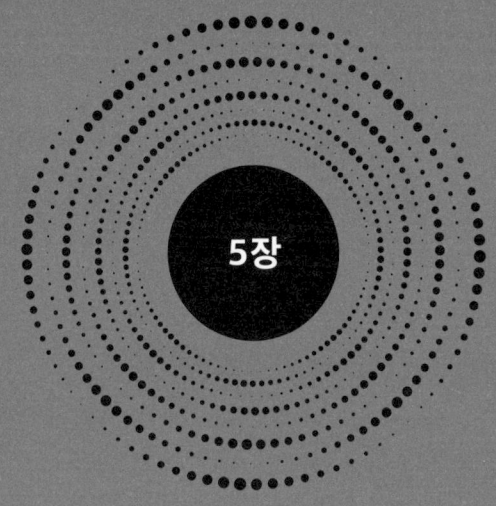

5장

발음이 말의 전달력과 품격을 책임진다

발음이 좋지 않은 진짜 이유

    원활한 소통이 일어나기 위해서는 먼저 나의 생각과 감정이 잘 전달되어야 한다. 의사소통에서 전달력을 책임지는 것은 '발음'이다. 정확한 발음은 지적인 이미지를 주어 사람의 품격을 높인다. '그까짓 발음 좀 나쁜 게 어때서, 내가 아나운서 될 것도 아닌데 뭐!'라고 생각할 수 있다. 허나 그까짓 발음이 은연중에 당신의 신뢰도에 영향을 미친다는 것쯤은 알고 있어야 한다. 단 한 마디를 하더라도 깊은 소리와 분명한 발음으로 말한다면 그 말엔 품격과 힘이 실린다.

    사람들의 발음이 부정확한 이유는 크게 두 가지다. 첫째, 우리말 발음에 대한 무관심 탓이다. 우리말이기에 어떤 식으로 발음하든 의사소통에는 별 문제가 없다는 생각에 대충 발음한다. 사실 기본적인 표준발음법은 초중고 시절에 다 배웠지만 실제 언어생활에는 그다지 신경 쓰지 않는 게 현실이다. 21일간의 훈련 동안 가장 기초적인 모음과 자음에서부터 겹받침의 발음, 혼동되는 어려운 발음 등 가장 핵심적인 발음법을 차근차근 익혀나갈 것이다. 머리로 외우는 것이 아닌, 입으로 익혀야 한다. 부지런히 입을 열어 따라하도록 하자.

둘째, 조음기관을 게으르게 움직이기 때문이다. 또렷한 발음이 만들어지려면 무엇보다 발음을 만드는 기관 즉 혀, 입술, 턱, 얼굴 근육 등의 조음기관을 아주 바쁘고 활발하게 움직여줘야 한다. 하지만 이는 에너지 소모도 많고 꽤 귀찮은 일이다. 그래서 사람들은 경제적인 발음을 선호한다. 입술이나 혀를 되도록 움직이지 않고 대강 의미만 전달하는 수준에서 쉽게 발음하는 것이다. 본인은 편할지 몰라도 듣는 사람으로서는 신경을 곤두세우고 들어야 해서 무척 피곤하다. 이렇게 경제적인 발음에 익숙해지면 나중에 개선하고자 할 때 많은 노력과 시간이 필요하다.

당신이 바라는 이미지 중엔 분명 지적이고 전문적인 이미지가 있을 것이다. 이런 이미지를 발산하는 데 발음이 큰 비중을 차지한다는 사실을 명심하면서 앞으로는 발음에 공을 들이자. 한 음가 한 음가를 정성스럽게 발음하겠다는 다짐을 해보자.

발음이 좋아지는 세 가지 방법

발음을 잘하기 위해 다음의 세 가지를 반드시 기억해두자.

첫째, 얼굴근육, 턱, 혀, 입술 등의 조음기관을 충분히 풀어주는 것이 무엇보다 중요하다. 특히 혀가 부드럽게 움직일 수 있도록 혀 운동을 충분히 하는 것이 핵심이다. 명료한 발음은 물론 물 흐르듯 막힘없이 말이 나오는 데 조음기관의 역할은 생각 이상으로 크다. 오른편 그림을 참고해 말하기 전에는 반드시 조음기관 스트레칭을 해주자!

둘째, 모음에 따른 입 모양과 혀의 위치를 정확히 알아야 한다. 국어의 모음은 21개인데, 그중 단모음은 'ㅏ, ㅐ, ㅓ, ㅔ, ㅗ, ㅚ, ㅜ, ㅟ, ㅡ, ㅣ', 이중모음은 'ㅑ, ㅒ, ㅕ, ㅖ, ㅘ, ㅙ, ㅛ, ㅝ, ㅞ, ㅠ, ㅢ'가 있다. 단모음은 처음부터 끝까지 입술 모양이 변하지 않는 모음이고 이중모음은 두 가지 모음이 합쳐졌기 때문에 입 모양이 바뀌는 모음이다. 거울로 자신의 입 모양을 확인하면서 21개 모음을 천천히 소리내보자.

| 조음기관 스트레칭 |

❶ 손바닥 아랫부분을 이용해 볼 전체를 동글게 원을 그리듯 마사지한다.

❷ 두 뺨을 풍선처럼 빵빵하게 부풀린 채로 5초간 그대로 멈춘다.

❸ 두 입술의 힘을 빼고 공기를 가볍게 내보내며 '푸르르르' 하고 입술을 떤다.

❹ '오'와 '아'의 입 모양을 크고 확실하게 하면서 혀로 '똑딱똑딱' 소리를 여러 번 낸다.

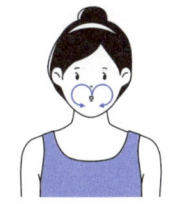
❺ 입술을 오므리고 앞으로 쭉 내민 상태에서 시계 방향과 그 반대 방향으로 마구 돌린다.

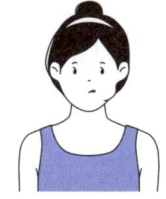
❻ 혀를 길게 내밀었다 접었다를 반복한 뒤 혀로 입안 구석구석을 마구 핥아준다.

　모음 삼각도를 보면 입이 벌어지는 정도와 혀의 위치, 높낮이 등을 보다 정확하게 알 수 있다. 입을 옆으로 길게 벌린 상태에서 'ㅣ' 발음을 해보자. 그 상태에서 'ㅣ, ㅔ, ㅐ, ㅏ'를 이어 발음해보면 혀가 낮아지면서(즉, 턱이 점점 크게 벌어지면서) 발음되는 것을 알 수 있다. 'ㅣ, ㅟ, ㅡ, ㅜ'를 차례로 발음해보면 혀가 앞에서 점점 뒤로 움직이는 것을 느낄 수 있다. 모음 삼각도를 보면서 10개 단모음의 입 모양과 혀의 위치

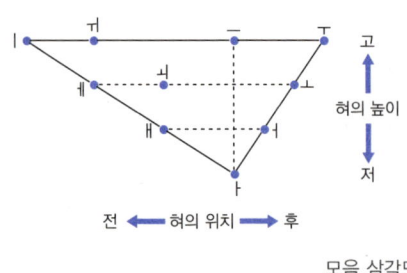
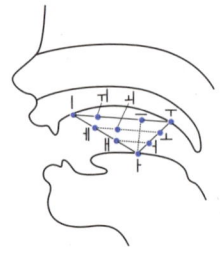

모음 삼각도

를 확인하면서 발음해보자.

셋째, 자음이 만들어지는 위치, 조음점을 알고 발음해야 한다. 표준어의 자음은 'ㄱ(기역) ㄲ(쌍기역) ㄴ(니은) ㄷ(디귿) ㄸ(쌍디귿) ㄹ(리을) ㅁ(미음) ㅂ(비읍) ㅃ(쌍비읍) ㅅ(시옷) ㅆ(쌍시옷) ㅇ(이응) ㅈ(지읒) ㅉ(쌍지읒) ㅊ(치읓) ㅋ(키읔) ㅌ(티읕) ㅍ(피읖) ㅎ(히읗)' 이렇게 19개로 이루어져 있다.

자음을 정확하게 발음하기 위해서는 조음점의 위치를 정확하게 알아야 한다. 자음은 소리가 목, 입, 혀 등에 닿아 방해를 받으며 만들어진다. 조음 위치에 따라 양순음 'ㅁ, ㅂ, ㅃ, ㅍ', 치조음 'ㄷ, ㄸ, ㅌ, ㅅ, ㅆ, ㄴ, ㄹ', 경구개음 'ㅈ, ㅉ, ㅊ', 연구개음 'ㄱ, ㄲ, ㅋ, ㅇ', 성문음 'ㅎ'으로 나뉜다.

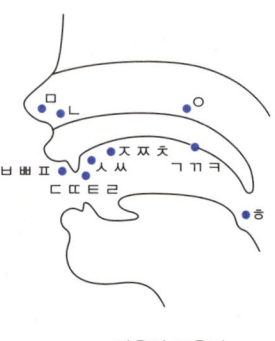

자음의 조음점

자음 구분	소리가 만들어지는 위치
ㅂ, ㅃ, ㅍ	두 입술이 부딪치며 나는 소리
ㄷ, ㄸ, ㅌ, ㄹ	혀가 치조에 부딪치며 나는 소리
ㅅ, ㅆ	혀가 치조에서 공기를 마찰시켜 나는 소리(ㄷ 조음점보다 조금 뒤)
ㅈ, ㅉ, ㅊ	혀가 경구개(ㅅ 조음점보다 뒤)에 부딪치며 나는 소리
ㄱ, ㄲ, ㅋ	혀가 연구개에 닿으며 나는 소리
ㅁ	인중 위쪽 콧등에서 나는 소리
ㄴ	치조 위쪽 코 중심부에서 나는 소리
ㅇ	연구개 위쪽 인두강부에서 나는 소리
ㅎ	목구멍에서 나는 소리

특히 발음이 뭉개지는 사람들은 대부분 'ㄴ, ㄷ, ㄹ, ㅁ, ㅂ' 받침의 발음을 제대로 하지 않는 경우가 많다. 조음점을 기억하면서 혀끝과 두 입술을 부지런히 움직이자.

단모음 발음 훈련

거울을 보고 입 모양을 정확하게 만들면서 다음의 단모음을 연습해본다.

가 거 고 구 그 기 개 게 괴 귀
나 너 노 누 느 니 내 네 뇌 뉘

다	더	도	두	드	디	대	데	되	뒤
라	러	로	루	르	리	래	레	뢰	뤼
마	머	모	무	므	미	매	메	뫼	뮈
바	버	보	부	브	비	배	베	뵈	뷔
사	서	소	수	스	시	새	세	쇠	쉬
아	어	오	우	으	이	애	에	외	위
자	저	조	주	즈	지	재	제	죄	쥐
차	처	초	추	츠	치	채	체	최	취
카	커	코	쿠	크	키	캐	케	쾨	퀴
타	터	토	투	트	티	태	테	퇴	튀
파	퍼	포	푸	프	피	패	페	푀	퓌
하	허	호	후	흐	히	해	헤	회	휘
까	꺼	꼬	꾸	끄	끼	깨	께	꾀	뀌
따	떠	또	뚜	뜨	띠	때	떼	뙤	뛰
빠	뻐	뽀	뿌	쁘	삐	빼	뻬	뾔	쀠
싸	써	쏘	쑤	쓰	씨	쌔	쎄	쐬	쒸
짜	쩌	쪼	쭈	쯔	찌	째	쩨	쬐	쮜

이중모음 발음 훈련

거울을 보고 입 모양을 정확하게 만들면서 다음의 이중모음을 연습해본다.

야	겨	교	규	걔	계	과	괘	궈	궤	긔
냐	녀	뇨	뉴	내	녜	놔	놰	눠	눼	늬
댜	뎌	됴	듀	대	뎨	돠	돼	둬	뒈	듸
랴	려	료	류	럐	례	롸	뢔	뤄	뤠	릐
먀	며	묘	뮤	매	몌	뫄	뫠	뭐	뭬	믜
뱌	벼	뵤	뷰	배	볘	봐	봬	붜	붸	븨
샤	셔	쇼	슈	섀	셰	솨	쇄	쉬	쉐	싀
야	여	요	유	애	예	와	왜	워	웨	의
쟈	져	죠	쥬	재	졔	좌	좨	줘	줴	즤
챠	쳐	쵸	츄	채	쳬	촤	쵀	춰	췌	츼
캬	켜	쿄	큐	캐	케	콰	쾌	쿼	퀘	킈
탸	텨	툐	튜	태	톄	톼	퇘	퉈	퉤	틔
퍄	펴	표	퓨	패	폐	퐈	퐤	풔	풰	픠
햐	혀	효	휴	해	혜	화	홰	훠	훼	희

받침 발음 집중 훈련

다음은 받침의 발음을 보다 정확하게 하는 데 효과적인 연습이다.

❶ 한 호흡에 한 음절씩 또박또박 발음한다.
❷ 한 호흡으로 다섯 음절씩 빠르게 발음한다.
❸ 가로 방향으로, 세로 방향으로 연습해본다.

각객긱곡국	간갠긴곤군	갇갣긷곧굳	갈겔길골굴
감갬김곰굼	강갱깅공궁	갑갭깁곱굽	
낙낵닉녹눅	난낸닌논눈	낟낻닏녿눋	날낼닐놀눌
남냄님놈눔	낭냉닝농눙	납냅닙놉눕	
닥댁딕독둑	단댄딘돈둔	닫댇딛돋둗	달댈딜돌둘
담댐딤돔둠	당댕딩동둥	답댑딥돕둡	
락랙릭록룩	란랜린론룬	랃랟릳롣룯	랄랠릴롤룰
람램림롬룸	랑랭링롱룽	랍랩립롭룹	
막맥믹목묵	만맨민몬문	맏맫믿몯묻	말맬밀몰물
맘맴밈몸뭄	망맹밍몽뭉	맙맵밉몹뭅	
박백빅복북	반밴빈본분	받밷빋볻붇	발밸빌볼불
밤뱀빔봄붐	방뱅빙봉붕	밥뱁빕봅붑	
삭색식속숙	산샌신손순	삳샏싣솓숟	살샐실솔술
삼샘심솜숨	상생싱송숭	삽샙십솝숩	
악액익옥욱	안앤인온운	앋앧읻옫욷	알앨일올울
암앰임옴움	앙앵잉옹웅	압앱입옵웁	
작잭직족죽	잔잰진존준	잗잳짇졷줃	잘잴질졸줄
잠잼짐좀줌	장쟁징종중	잡잽집좁줍	
착책칙촉축	찬챈친촌춘	찯챋칟촏춛	찰챌칠촐출
참챔침촘춤	창챙칭총충	찹챕칩촙춥	
각캑킥콕쿡	칸캔킨콘쿤	칻캗킫콛쿧	칼캘킬콜쿨
캄캠킴콤쿰	캉캥킹콩쿵	캅캡킵콥쿱	

탁텍틱톡툭	탄텐틴톤툰	탈텔틸톨툴	탈텔틸톨툴
탐템팀톰툼	탕텡팅통퉁	탑텝팁톱툽	
팍펙픽폭푹	판펜핀폰푼	팔펠필폴풀	팔펠필폴풀
팜펨핌폼품	팡펭핑퐁풍	팝펩핍폽풉	
학헥힉혹훅	한헨힌혼훈	할헬힐홀훌	할헬힐홀훌
함헴힘홈훔	항헹힝홍훙	합헵힙홉훕	

 YouTube 저자 강의
말의 전달력을 높이는 발음을 잘하는 비결

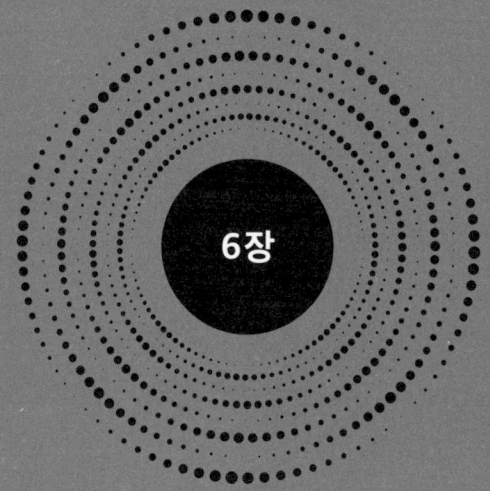

6장

마음이 드러나는 말, 감정을 실어라

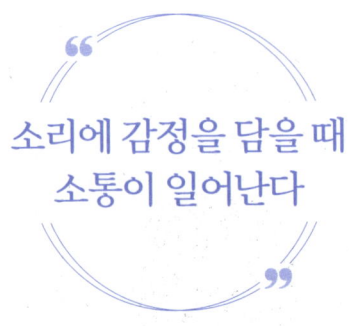

소리에 감정을 담을 때 소통이 일어난다

  타인과의 소통에서 가장 중요한 것은 감정의 교류다. 인간이 감정을 표현한다는 것, 물론 당연하게 느껴지지만, 의외로 감정표현 자체를 무척 어색해하거나 방법을 몰라 못하는 사람들도 상당수다. 무표정으로 일관하거나, 억양의 변화 없이 단조로운 목소리로 말하는 사람은 매력지수가 떨어질 뿐만 아니라 열정과 신뢰를 느끼기 어렵다. 감정교류가 되지 않으니, 관계의 발전도 힘들다. 마음은 그렇지 않은데, 그 마음이 소리로 표현되지 않는다면 참 난감한 일이다.

  우리는 보통 내면과 외면이 일치할 때, 즉 사람의 마음과 말, 행동이 같아 지속적인 일관성이 있을 때 진정성이 느껴진다고 얘기한다. 목소리도 마찬가지다. 내 마음(감정)이 소리로 그대로 드러날 때, 진정성 있는 목소리가 된다. 이때 비로소 서로의 마음이 열리고疏, 트일 소, 통하는通, 통할 통 진짜 소통이 일어난다!

간단한 감정표현 훈련을 하나 해보자. 우리가 태어나서 아마도 가장 많이 하는 말이 아닐까 싶다.

"안녕하세요?"

겨우 다섯 음절의 인사말 하나에도 수많은 감정을 입힐 수 있다.

밝고 상냥하게 / 따뜻하고 친절하게 / 우아하게
거만하게 / 시큰둥하게
당차게 / 우울하게 / 슬프게 / 못마땅하게
놀라서 / 기뻐하며 / 주눅 들어서

이렇게 다양한 감정을 표현할 때, 당신의 표정은 어떠했나? 지시문의 감정에 몰입하는 순간 그와 일치하는 표정이 만들어졌을 것이다. 시각적 요소 중에서 가장 즉각적으로 감정이 나타나는 부분은 단연 얼굴 표정이다. '감정과 목소리, 표정' 이렇게 셋은 늘 함께 다녀야 당신 말의 진정성이 전해진다.

목소리 연기자인 성우들의 더빙 현장에 가보면 성우들은 절대 소리만으로 연기하지 않는다. 표정은 물론 온몸으로 연기하면서 그 상황과 감정에 딱 맞는 소리를 만들어낸다. 이처럼 내면의 감정이 자연스럽게 몸을 통과해 소리로 살아난다면, 누구나 감정표현 잘할 수 있다!

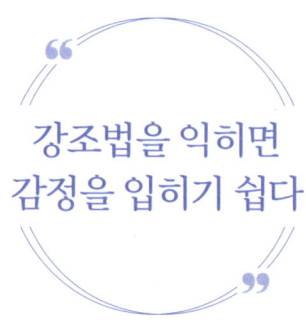

강조법을 익히면 감정을 입히기 쉽다

　5가지 강조법만 익혀도 목소리에 변화를 주면서 감정을 입히기가 더 쉬워진다. 특히 강의나 PT, 면접 상황에서 강조법을 잘 사용하면 생동감이 전해지는 것은 물론 전문적인 느낌을 물씬 풍길 수 있다. 강조법은 말 그대로 강조하고 싶은 내용이 상대방 귀에 잘 들리도록 목소리를 통해 강조하는 말하기 스킬이다. 다음 예문을 읽으면서 강조법을 익혀보자.

1. 힘을 주어 강하게, 높임 강조

　자연의 푸르름을 느낄 때 뇌에서는 세로토닌을 만들어 냅니다.
　몰입할 수 있는 일을 발견하기 위해서는 다양한 경험이 필요합니다.

2. 톤을 낮추어 약하게, 낮춤 강조

산다는 것은 속으로 이렇게 조용히 울고 있는 것입니다.

사랑하는 마음은 움켜쥔 손을 펴서 불필요한 것들을 놓아줍니다.

3. 천천히 또박또박, 속도를 늦춰서 강조

당신은 흔들림 없는 내면의 동기에 의해서만 움직입니다.

바꿀 수 없는 현실이라면, 바꿀 수 있는 것은 당신의 관점뿐입니다.

4. 모음을 길게 늘여서 강조

당신은 당신의 생각보다 훨~~씬 더 귀~합니다.

기적은 당신 가슴 깊~~은 곳의 열망에 충실할 때 일어납니다.

5. 잠깐 멈춤, 포즈(pause)를 활용한 강조

행동으로 옮기는 데 어려움을 느낀다면 /// 그냥 해버리십시오.

인생에 대해 치열하게 고민한다는 건 /// 인생을 사랑한다는 증거입니다.

이제 〈이론편〉을 마무리하고 〈실전편〉으로 들어갈 차례다. 21일간의 본격적인 소리여행을 하면서 다양한 원고들을 매일 만나게 될 것이다. 대부분 감정이 잘 드러나 있는 글들로, 대화체 예문을 되도록 많이 담았다. 특히 감정 정화에 도움이 되는 좋은 글을 선별해 풍부하게 실었다. 어떤 원고든 글에 실린 감정을 이해하고, 느끼고, 이를 그대로 소리로 표현해보도록 하자. 인간만이 느낄 수 있는 소중한 감정들을 다채롭게 온몸으로 마음껏 발산해보자.

매일 1Day 분량을 소화해보자. 반드시 Mp3 파일을 듣고, 자신의 목소리를 녹음하면서 연습하기를 적극 권한다. 이렇게 하루하루 실천하다 보면 당신의 목소리 표현력은 어느새 놀라울 정도로 향상될 것이다. 그 모든 과정에서 당신 곁에 머물며 든든한 안내자가 될 것을 약속한다.

실전편

Healing Voice Training

힐링 보이스 트레이닝을 시작하며,

당신이 진정 찾고 싶은 외면의 목소리는 어떤 목소리인가?
가슴 깊숙한 곳으로부터 들리는 내면의 목소리에 귀를 기울여보면 당신이 진정 되고 싶은 모습, 이를 가장 잘 표현해주는 목소리가 바로 당신이 갖고 싶은 목소리라는 것을 깨닫게 될 것이다.
그러한 당신의 목소리 비전을 다음 빈칸에 적은 후, 전체 내용을 천천히 읽으며 녹음해보자.
3단계의 훈련이 모두 끝난 후에는 288쪽에 수록된 〈나의 다짐〉을 녹음해 비교해보자.
21일의 훈련을 성실히 마친다면, 목소리뿐만 아니라 당신 삶 전반에 분명 놀라운 변화가 있을 것이다.

Healing Voice Training

나의 다짐

나는 _____ 목소리를 찾고 싶다.
나는 지금 이 순간부터
나 자신과 내 목소리를 진심으로 사랑하겠다.

나는 더 나은 내가 되기 위하여 꾸준히 연습할 것이며,
이러한 결심을 한 내가 무척 자랑스럽다.

나는 나의 몸과 마음, 목소리를 변화시킴으로써
내 인생을 성공적으로 이끌 것이다.

나는 할 수 있다!
나는 나를 믿는다!

내 삶을 변화시키는 힐링 보이스 연습일지

바른 몸·맘·말 훈련을 통해 더 나은 삶을 만들겠다는 목표로 다음 일지를 작성해보자. 모든 일의 성공 여부는 '꾸준한 실행'에 달려 있다. 연습할 수 있는 시간과 공간을 최대한 확보해보자!

회차	날짜	바른 몸 (영양·운동)	바른 맘 (호흡 명상)	바른 말 (발성·낭독·말)	연습시간 총 ( )분
Day 1					
Day 2					
Day 3					
Day 4					
Day 5					
Day 6					
Day 7					
1단계 완성					
Day 8					
Day 9					
Day 10					
Day 11					

Healing Voice Training

Day 12					
Day 13					
Day 14					
2단계 완성					
Day 15					
Day 16					
Day 17					
Day 18					
Day 19					
Day 20					
Day 21					
3단계 완성					

Tip 연습을 하면서 궁금한 점이 있거나 자신의 목소리 진단을 받고 싶은 분은 W스피치 공식카페에 음성 파일을 올려주세요. 전문 보이스 컨설턴트가 여러분의 목소리를 정확히 코칭해드립니다.
W스피치 공식카페 : http://cafe.naver.com/wspeech2010

1단계
DAY 1~7

본연의 건강한 목소리 되찾기

● 목표 ●

자연적인 몸의 정렬로 바른 자세 만들기
호흡 명상으로 고요하고 평화로운 마음 찾기
복식 호흡으로 소리가 단전에서 나오는 감각 익히기
목의 아치를 크고 둥글게 만들어 명료하고 탁 트인 목소리 찾기
단전에서 나오는 깊이 있고 힘 있는 목소리 찾기
마스크 공명 발성으로 풍성한 울림 찾기
가장 편안한 최적의 목소리 톤 찾기
둥근 억양으로 자연스럽게 낭독하기

"무엇을 할 수 있든 무엇이든 할 수 있다고 꿈꾸든 일단 시작하라.
담대함에는 재능과 힘, 신비함이 담겨 있다. 지금 바로 시작하라."
– 요한 볼프강 폰 괴테

 YouTube 저자의 힐링 명상
호흡 명상

Day 1

오늘의 목표
- 누운 자세에서 복식 호흡 감각 익히기
- 자연적인 몸의 정렬로 바른 자세 만들기
- '허~' 기초 발성으로 자연스러운 발성하기
- 아치 개방하여 짧은 단어 읽기

복식 호흡 1
누운 자세에서 호흡 감각 익히기

몸의 이완과 동시에 복식 호흡을 가장 쉽게 적용할 수 있는 자세는 바닥에 누운 자세다. 얼굴과 바닥이 평행을 이루도록 책이나 낮은 베개를 머리에 받치고 누운 상태에서 *양 무릎을 세워 어깨너비로 편안하게 벌린다. 손을 갈비뼈 아랫부분에 댄 채, 눈을 감고 숨이 자연스럽게 나가고 들어오는 것을 느껴본다.

숨을 내쉴 때마다 등이 펴지고 넓어지는 이미지를 머릿속에 그리면 몸의 이완에 도움이 된다. 이때 우리의 몸 전체가 숨이 지나가는 길, '숨길'이라고 상상해보자. 머리와 몸통, 팔, 다리, 모두 텅 비어 있는 공간 안으로 공기가 서서히 차오르고 나가는 것을 상상하는 것이다.

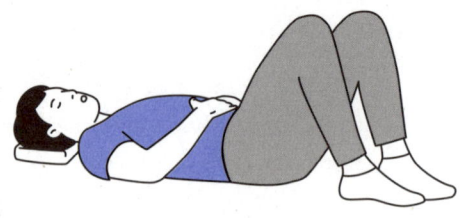

누워서 호흡하는 자세

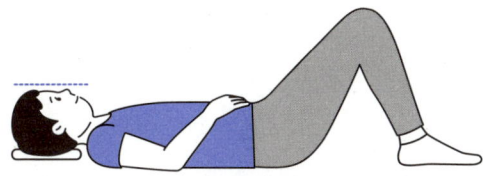

얼굴선과 바닥의 평행

1. 호흡이 자연스럽게 들어오고 나가는 것을 느낀 다음, 완전히 공기를 '후~~' 하고 내뿜는다.
2. 배가 홀쭉해진 상태에서 4초간 들이마시고, 8초간 서서히 내쉬기를 반복한다.
3. 2초간 들이마시고, 4초간 내쉬기를 반복한다.
4. 입에서 30센티미터 떨어진 공중에 작은 깃털이 있다고 상상하면서 호흡을 깊게 들이마신 후, 깃털이 최대한 오래 떠 있을 수 있도록 천천히 숨을 내쉰다. 호흡이 모자라 숨을 들이마시고 싶은 충동이 생기면, 남아 있는 호흡으로 깃털을 '후~~' 날려 보내자.

* 다리를 편 상태에서는 요추(허리) 부분에 불필요한 힘이 들어가기 쉽다. 무릎을 구부려서 허리에 안정감을 줘야 한다. 몸은 안정감이 없으면 의식하지 못하는 사이에 불필요한 긴장을 하기 마련이다.

Day 1

복식 호흡 2
누운 자세에서 강한 호흡 연습하기

깃털 불기가 부드러운 호흡이었다면, 이번에는 수박씨를 천장으로 뱉는 상상을 하며 강한 호흡을 연습해보자.

1. 두 손을 아랫배에 얹은 상태에서 '후~~' 하며 몸안의 호흡을 모두 내뱉은 후, 코로 숨을 들이마신다.
2. 누운 상태에서 천장의 한 지점에 과녁이 있다고 상상한다.
3. 입안에 있는 수박씨(상상의 수박씨 혹은 실제 수박씨)를 과녁에 맞힌다고 상상하며 호흡을 강하게 뿜어본다.
4. 처음에는 한 호흡에 수박씨 한 개씩 내뱉고, 이어서 두 개, 세 개 등으로 개수를 늘려 나가보자. 배가 강하게 수축되면서 공기가 한꺼번에 힘 있게 나가는 것이 느껴질 것이다.

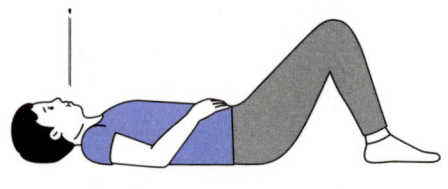

수박씨 뱉기

🕍 몸의 정렬
척추 숙이기로 자연적인 정렬 찾기

좋은 소리를 내는 데 바른 자세를 취하는 것은 매우 중요하다. 몸의 자연적인 정렬을 간단하고도 빠르게 찾는 방법으로 척추 숙이기를 추천한다. 훈련을 진행하는 동안에는 천천히 깊게 호흡한다.

1. 다리는 골반 너비로 벌려 양발에 체중을 고르게 분배하고, 무릎은 힘을 주지 않은 상태로 선다.
2. 중력에 머리를 맡기고 척추가 한 개씩 바닥을 향해 천천히 내려가면서 가슴으로 턱이 떨어지게 한다. 머리와 목, 팔은 느슨하게 풀어져 몸에 매달려 있는 상태이고 무릎도 이완되어 있다.
3. 호흡을 천천히 유지하면서 한숨을 깊게 내쉬어본다.
4. 이제 꼬리뼈에서부터 척추가 하나씩 블록을 쌓아 올리듯 몸을 천천히 세워본다.
5. 척추가 완전히 세워졌을 때 머리를 들고 뒷목은 길게 유지한다.

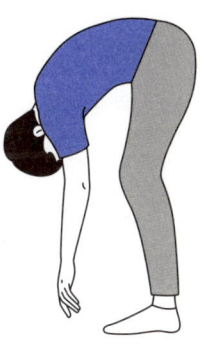

척추 숙이기

Day 1 — Healing Voice

🔊 기초 발성
'허~~' 자연스러운 발성하기

양쪽 다리는 골반 너비로 벌리고 바른 자세로 서 본다. 누워서 호흡할 때의 이완된 느낌을 선 자세에서도 최대한 간직하는 것이 중요하다. 숨을 들이마신 후, 천천히 '허~~' 하고 따뜻한 공기를 내보내면서 자연스럽게 소리를 내보자.

1. 숨을 코로 들이마시며 아랫배에 공기를 가득 채운 후, 아랫배를 당기면서 공기를 몸 밖으로 내보낸다. 이때 턱을 아래로 내려 입을 편안히 벌린 상태에서 '허~~~' 하고 공기가 입 밖으로 나가는 것을 여러 차례 느껴본다.
2. 공기에 소리를 실어준다는 느낌으로 '허~~~' 발성을 해 보자.

 ❶ 3초 '허~어~~' 발성 (5회 반복)
 ❷ 5초 '허~~어~~~' 발성 (3회 반복)
 ❸ 7초 '허~~어~~~~' 발성 (3회 반복)

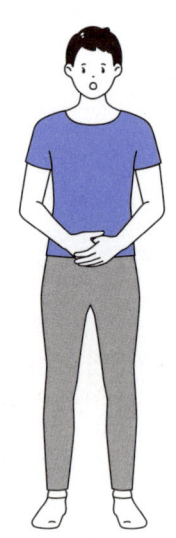

선 자세에서 발성하기

아치 개방
목의 아치를 둥글게 열어 발성하기

하품하듯이 입을 크게 벌려보자. 목의 아치는 둥글게 벌어지고, 연구개는 살짝 올라가면서 공명할 수 있는 충분한 입안 공간이 만들어진다. 이 상태에서 다음 단어를 천천히 소리 내어 읽어보자. 목의 아치가 열린 상태에서 소리가 입안에서 둥글게 공명하는 것을 느낄 수 있다.

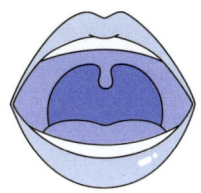

목의 아치 열기

가방   낭:만   러시아   마:술   방학   서랍
아버지   자두   채:반   타자기   파도   학교

맑은 하늘   과:일 바구니   노란 레몬   푸르른 바다
하얀 파도   캉캉 치마   행:복한 어:른   아름다운 언니
보라색 원피스   타오르는 태양   크리스마스 카드
바닐라 아이스크림

H e a l i n g   V o i c e

📖 힐링 낭독
내용을 음미하며 천천히 읽기

예:쁘지 않은 것을 예:쁘게
                아는 거슬

보아주는 것이 사랑이다.

좋:지 않은 것을 좋:게
조:치   조:케

생각해주는 것이 사랑이다.
생가캐주는

싫은 것도 잘 참아주면서
시른 걷또

처음만 그런 것이 아니라

나:중까지 아주 나:중까지

그렇게 하는 것이 사랑이다.
그러케

_나태주, 〈사랑에 답함〉

> **❝ 생각하고 말할 거리 ❞**
>
> '사람'과 '사랑' 두 글자가 너무도 닮아 한참을 바라본 적이 있다. 세상에 이토록 많은 다양한 사람들만큼이나 사랑도 다채로운 모습으로 나타나는 듯하다. 당신이 생각하는 '사랑'은 무엇인가?

오늘의 일지

목소리 훈련을 하면서 인지한 몸의 느낌, 감정, 생각과 소리의 미세한 변화에 대해 자유롭게 적어보자.

| Day 2 | 오늘의 목표 | • 하품 발성으로 복식 호흡 감각 익히기
• 폭포수 발성으로 시원한 목소리 만들기
• '핫' 발성으로 힘 있는 목소리 만들기
• 아치 개방 후 동그란 억양으로 짧은 문장 읽기 |

 복식 호흡
앉은 자세에서 허리 숙이며 호흡하기

골반 위에 척추를 얹어서 머리까지 이어진다고 상상하면서 의자에 바르게 앉아보자. 머리가 위로 부드럽게 당겨져 척추 위에 얹혀 있는 것이 느껴지는가? 그 상태에서 아랫배에 손을 대고, 깊고 자연스러운 호흡을 여러 차례 해보자. 호흡이 안정되면 아래 그림처럼 허리를 숙이는 동작을 하면서 호흡 훈련을 해본다.

1. 앉은 자세에서 눈을 감고 자연스럽게 호흡이 들어오고 나가는 것을 느껴본다.
2. 숨을 깊게 들이마신 후, 8초간 허리를 굽히며 천천히 숨을 완전히 내뱉는다.
3. 8초간 천천히 허리를 세우며 숨을 들이마신다.
4. 위 동작을 여러 번 반복하면서 내 몸에 흐르는 공기를 느껴본다.

의자에 앉아 허리를 숙이며 호흡하기

Day 2 Healing Voice

🗣 하품 발성
'하~~' 하품 발성 길게 하기

등을 벽에 기대어 바르게 서보자. 머리와 어깨, 엉덩이, 발뒤꿈치가 모두 벽에 닿았는지 확인해본다. 척추는 완만한 S자 형태이기 때문에 배꼽 뒤쪽에 해당하는 등 부분은 약간의 공간이 생긴다. 이 상태에서 숨을 들이마신 후, 하품하듯 입을 크게 벌리며 '하~~' 공기만 내보내다가 '아~~' 소리를 실어 발성해보자. 일정한 양의 공기를 내보내며 떨림 없이 안정적인 발성이 되도록 하는 것이 중요하다. 15초까지 발성하는 데 어려움이 없다면 조금씩 호흡의 길이를 늘이며 연습해보자.

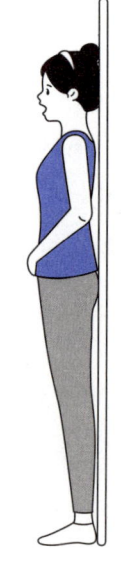

벽에 기대어 서서 발성

❶ 5초 '하~~아~~~' 발성
❷ 10초 '하~~~아~~~' 발성
❸ 15초 '하~~~아~~~' 발성

* 언제나 '아~~~' 발성을 할 때는 날숨과 함께 내 안의 탁하고 부정적인 에너지와 스트레스가 모두 빠져나간다는 상상을 하자.

🔊 폭포수 발성
허리 숙이고 팔 늘어뜨려 발성하기

허리를 숙이고 팔은 힘을 빼어 축 늘어뜨린 자세를 취한다. 숨을 들이마셔 배에 공기를 채운 후, 배를 안쪽으로 당기며 소리를 내본다. 팔을 늘어뜨리고 힘을 뺐기 때문에 몸에 긴장이 들어가지 않아 편안한 음성이 나온다. 입을 크게 벌리고 마치 폭포수에서 물이 아래로 쏟아진다는 느낌으로 '하~아~~' 발성을 시원하게 해보자.

❶ 5초간 '하~아~~' 발성
❷ 10초간 '하~아~~~' 발성
❸ 15초간 '하~아~~~~' 발성

이때 소리가 불안정하게 떨리거나 크기가 작아져서는 안 된다. 처음부터 호흡을 너무 많이 내뱉지 말고, 복근을 이용해 처음부터 끝까지 일정한 호흡이 조금씩 나가도록 조절하자.

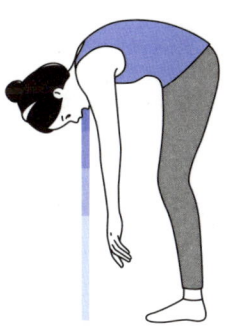

허리 숙인 자세로 발성

Day 2

Healing Voice

🔊 '핫' 발성
'핫' 소리 내며 힘 있게 발성하기

양손을 아랫배에 가볍게 갖다 대고 숨을 들이마시면서 배가 불룩하게 나오는 것을 느껴보자. 목의 아치는 크고 둥글게 연 상태에서 배를 강하게 수축하면서 '핫' 하고 힘 있게 소리내보자.

이어서 '핫 핫 핫 핫' 소리를 연이어 네 번에 걸쳐서 내본다. 한 호흡에 한 음절씩, 빠르게 소리내본다. 아랫배가 쑥쑥 들어가며 우렁찬 소리가 만들어질 것이다. 이때 '하'가 아니라 '핫[함]' 받침소리를 제대로 내야 더욱 힘 있는 소리가 나온다. 작고 연약한 목소리도 이처럼 아랫배의 힘을 이용하면 얼마든지 크고 힘찬 소리를 만들 수 있다.

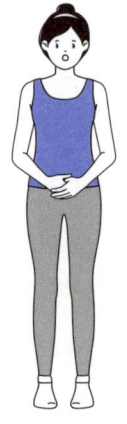

아랫배에 손을 얹고
숨 들이마시기

'핫' 소리 내기

😮 아치 개방
동그란 억양으로 짧은 문장 읽기

목의 아치를 둥글게 열고, 입을 크게 벌리면서 다음 문장을 천천히 소리 내어 읽어보자. 의미 단위별로 끊어 읽기 표시와 함께 동그란 억양을 표시해두었다. '하나의 의미 덩어리는 한 호흡'으로 읽어보자. 숨을 들이마시고 그 공기가 하나의 의미 덩어리 안에서 동그랗게 솟구쳤다가 서서히 떨어지는 느낌으로 부드럽게 낭독해보자. 그림과 같이 손동작을 하면서 억양연습을 하면 크게 도움이 된다.

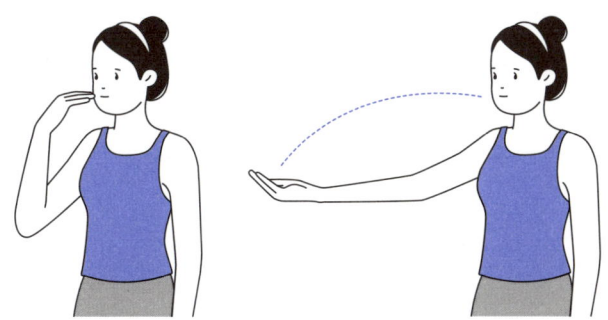

손동작과 함께 연습하기

Day 2

Healing Voice

아버지가 / 하품을 합니다.

하얀색 원피스가 / 아름답습니다.
　　　　　　　　아름답씀니다

장난치던 아이가 / 반갑게 인사합니다.
　　　　　　　반갑께

가을이 되면 / 벼가 누:렇게 익습니다.
　　　　　　　누:러케　익씀니다

화:가는 / 새:와 나비, / 장미꽃을 그:립니다.
　　　　　　　　　　장미꼬츨　그:림니다

야:자나무 아래에서 / 연:인이 / 사랑을 속삭입니다.
　　　　　　　　여:니니　　　　　속싸김니다

어머니는 / 빨간 사과, / 노란 참외, / 푸른색 수:박을 좋아합니다.
　　　　　　　　　　　차뫼/차풰

📖 힐링 낭독
내용을 음미하며 둥근 억양으로 읽기

나는 나를 있는 모습 그대로 사랑하고 받아들인다.
          인는   바다드린다

나는 내가 생각하는 것보다 훨씬 위대하다.
              생가카는   걷뽀다

나는 가치 있고 위대한 존재이다.

나는 나를 만드는 힘을 갖고 있다.
                       갇꼬   읻따

인생의 매: 순간은 새롭다.
                    새롭따

나는 변:화하기로 마음먹는다.

나는 자신이 매: 순간 변:하는 것을 보고 느낄 것이다.

나는 세:상의 힘이다.

나는 자유로워진다.

나는 최:선을 다하고 있다.
          최:서늘

Day 2

Healing Voice

날마다 조금씩 쉬워진다.

오늘은 멋진 날이다.
오느른 먿찐

내가 오늘을 멋진 날로 만들고 있다.

_루이스 L. 헤이, 《치유》中

> ❝ **생각하고 말할 거리** ❞
>
> 《치유》에서 저자는 삶에서 일어나는 모든 문제의 근본 원인은 자신을 사랑하지 않는 데 있으며, 자신을 사랑함으로써 모든 상처가 치유된다고 이야기한다. 당신은 당신을 사랑하는가? 그렇다면, 그 사랑을 어떻게 증명할 수 있겠는가?

오늘의 일지

목소리 훈련을 하면서 인지한 몸의 느낌, 감정, 생각과 소리의 미세한 변화에 대해 자유롭게 적어보자.

Day 3 오늘의 목표
- '야호' 발성으로 탁 트인 목소리 만들기
- 'ㄱ, ㄲ, ㅋ' 조음점을 알고 정확하게 발음하기
- 폭포수 낭독으로 힘차고 시원한 목소리 만들기
- 아치 개방 후, 동그란 억양으로 짧은 문장 읽기

 복식 호흡
마음을 안정시키는 호흡법

한쪽 콧구멍으로 숨을 들이마시고, 다른 콧구멍으로 숨을 내뱉는 방법이다. 천천히 몇 번 시행해보면 오로지 호흡에만 집중되는 것을 느낄 수 있다. 호흡으로 의식이 모일 때 동시에 고요해지는 마음을 바라보자. 우선 편안한 자세로 앉아 두 손을 무릎에 올려놓고, 숨이 들어오고 나가는 '숨길'을 상상하면서 천천히 숨을 깊게 들이마시고 내쉰다.

1. 오른손 엄지손가락으로 오른쪽 콧구멍을 막고 왼쪽 코로 숨을 내쉰다.
2. 왼쪽 코로 숨을 들이마신다.
3. 오른손 검지 손가락으로 왼쪽 콧구멍을 막고 오른쪽 코로 숨을 내쉰다.
4. 오른쪽 콧구멍으로 숨을 들이마신다.
5. 오른손 엄지손가락으로 오른쪽 콧구멍을 막고 왼쪽 코로 내쉰다.

숨길을 정화시키는 호흡법

위 과정을 반복하면서 숨을 깊게 들이마시고 내쉬어보자.

야호 발성
산 정상에 서서 '야호!' 외치기

당신은 지금 시원한 공기가 불어오는 산 정상에 서 있다. 무언가를 성취해서 자랑스러운 기분으로 '야호!' 하고 크게 외쳐보자. 처음에는 한 음절씩 짧게 끊어서 외치다가 먼 산으로 소리를 보낸다는 느낌으로 점점 음절을 길게 늘여서 발성해보자. 어느 순간 목소리가 탁 트이는 느낌을 받을 것이다.

'야호!' 발성 연습

야! 호!　야! 호!　야! 호!
야! 호!　야! 호!　야! 호!

야~호~　야~호~　야~호~
야~~호~~　야~~호~~　야~~호~~
야~~~호~~~　야~~~호~~~　야~~~호~~~
야~~~~호~~~~　야~~~~호~~~~　야~~~~호~~~~

Healing Voice

🔊 발음 연습
'ㄱ, ㄲ, ㅋ' 정확한 발음 훈련

'ㄱ'은 혀뿌리가 연구개(입천장에서 가장 부드러운 뒤쪽 부분)에 닿으면서 구강에서 나는 소리다. 혀를 이 조음점에 두고 힘을 주면 된소리 'ㄲ'가 되며, 'ㅎ' 소리를 섞어 발음하면 거센소리 'ㅋ'가 된다. 혀의 위치와 발음에 유의하며 다음 내용을 읽어보자.

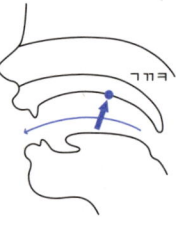

'ㄱ, ㄲ, ㅋ' 혀의 위치

그그그그그 ㄲㄲㄲㄲㄲ 크크크크크

가정 겨울 고:구마 광:장 구로공단 교:육과정

까마귀 꼬장꼬장 꾸물꾸물 꺼끌꺼끌 끄트머리

카레 커피 크레용 쿠크다스 코뿔소 컨테이너
　　　　　　　　　　　　　　코뿔쏘

기:다란 콩나물로 콩국을 끓였다.
　　　　　콩꾸글　　끄렫따

계곡에는 콸콸콸 깨끗한 물이 쏟아진다.
　　　　　　　깨끄탄

극장에서 극구 캐러멜 팝콘과 코카콜라를 먹겠다고 고집을 부린다.
극짱　　극꾸　　　　　　　　　　　　　먹껟따고

118 실전편

😊 아치 개방
동그란 억양으로 짧은 문장 읽기

목의 아치를 크게 확장한 상태에서 다음 문장을 천천히 소리 내어 읽어보자. 동그란 억양을 살려서 앞서 배운 손동작과 함께 연습하면 호흡조절이 훨씬 잘될 것이다.

캥거루가 깨어나서 / 쿵쿵거립니다.

카우보이가 광:고에 / 크게 나왔습니다.

오누이가 다정하게 / 이야기를 나눕니다.

겨울에는 / 따뜻한 봄을 / 애:타게 기다립니다.
　　　　　따뜨탄　보믈

콩고 코끼리가 / 쿵쾅쿵쾅 뛰어다닙니다.

개가 / 케이크에 코를 대:고 / 쿵쿵거립니다.

학생이 가방 속:에 / 연필을 열: 개 넣었습니다.
학쌩

달나라 토끼가 달에 누워 / 재밌게 책을 읽습니다.
　달라라　　　　　　　재믿께　　　익씀니다

Day 3 — Healing Voice

📖 폭포수 낭독
허리 숙인 채 낭독하기

팔을 늘어뜨리고 허리를 굽힌 상태에서 끊어 읽기에 유의하며 다음을 낭독해보자. 다시 한 번 강조하지만 무릎을 비롯해 몸 어느 곳에도 긴장이 들어가지 않은 편안한 상태를 유지하는 것이 중요하다. 끊어 읽기가 표시된 곳에서 배가 쑥쑥 들어가면서 아랫배의 공기가 마치 폭포수처럼 입 밖으로 시원하게 쏟아진다는 느낌으로 낭독해보자.

허리 숙인 채 낭독하기

바람 부:는 날 / 들:에 나가 보아라. /

풀들이 / 억센 바람에도 / 쓰러지지 않는 것을 / 보아라. /
　　　　　억쎈　　　　　　　　　　　안는

풀들이 / 바람 속에서 / 넘어지지 않는 것은 /

서로가 / 서로의 손을 / 굳게 / 잡아주기 때문이다. /
　　　　　　　　　　굳께

쓰러질 만하면 / 곁의 풀이 / 곁의 풀을 /
　　　　　　　*겨테 푸리　　겨테 푸를

넘어질 만하면 / 곁의 풀이 / 또 곁의 풀을 /

잡아주고 / 일으켜주기 때문이다. /

이 세:상에서 / 이보다 / 아름다운 모습이 / 어디 있으랴. /

_윤수천, 〈바람 부는 날의 풀〉 中

---

* 조사 '의'는 [에]로 발음할 수 있다. [의]보다는 [에]로 발음했을 때 발음하기도 편하고 좀 더 자연스럽게 들린다. 위치에 따라 달라지는 '의' 발음에 대한 자세한 내용은 **DAY 12**에서 확인할 수 있다.

Day 3

Healing Voice

📖 힐링 낭독
내용을 음미하며 둥근 억양으로 읽기

자존감은 / 우월감에서 비롯된 / 우쭐함도 아니고 /
　　　　　　　　　비롣된

누군가에게 / 사랑받고 인정받아서 얻어지는 /
　　　　　　　　　　　받꼬

일시적인 만족감도 아니다. /
일씨저긴　만족깜

자존감의 본질은 / 자신에 대한 신:뢰이자 /
자존가메　　　　　　　　실:뢰

행:복을 누릴 만한 사:람이라 여기는 / 자기 존중감이다. /

이건 / 정신승리로 얻어지는 것이 아니기에 /
　　　　　　승니

아무것도 하지 않는데 / 자신을 신:뢰하긴 어렵고, /
　　　　　안는데　　　　　　　　　어렵꼬

자신의 신:념과 반:대되는 삶:을 살:면서 / 자신을 존중하기도 어렵다. /
　　　　　　　　　　　살:믈

자존감은 / 스스로가 믿고 존중할 / 내:면세:계를 세우고 /

그 신:념을 바탕으로 / 삶:을 선:택하고, / 행동하며, / 책임을 지는 /

삶:의 일련의 과정에서 얻어지는 / 내:면의 힘이다. /
살:메 일려네

_김수현,《나는 나로 살기로 했다》中

> **❝ 생각하고 말할 거리 ❞**
>
> 삶은 선택의 연속이다. 자기 신뢰를 바탕으로 자신의 선택에 책임을 질 때 자존감의 크기도 함께 자란다. 당신 삶에서 행했던 좋은 선택에 대해 이야기해보자.

오늘의 일지

목소리 훈련을 하면서 인지한 몸의 느낌, 감정, 생각과 소리의 미세한 변화에 대해 자유롭게 적어보자.

▶ YouTube 저자의 힐링 명상
긴장 완화 명상

| Day 4 | 오늘의 목표 | • 자연적인 호흡을 느끼며 발성하기
• 공명음을 느끼며 최적의 자기 목소리 톤 찾기
• 'ㄴ' 조음점을 알고 정확하게 발음하기
• 둥근 억양으로 자연스럽게 낭독하기

 복식 호흡
'스~~' 날숨을 길고도 천천히 내쉬기

숨을 들이마시어 아랫배에 공기를 채우고, 아랫입술을 최대한 내려 아랫니가 보이도록 만든 뒤 숨을 천천히 내쉬어보자. 마치 튜브에서 공기가 빠지듯 '스~~' 소리가 날 것이다. 이때 배는 쑥 들어가며 홀쭉해진다. 숨을 깊게 들이마신 후, 날숨을 길고도 천천히 내쉬면서 몸의 감각을 활짝 열어 호흡의 에너지를 느껴보자. 날숨을 모두 내뱉으면, 자연스럽게 들숨으로 연결된다.

 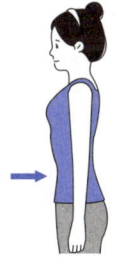

숨을 들이마셨을 때   숨을 내쉬었을 때

1. 마음속으로 다섯까지 세며 '스~~~' 호흡을 내쉰다.
2. 일곱까지 세며 천천히 '스~~~~~' 호흡을 내쉰다.
3. 열까지 세며 천천히 '스~~~~~~' 호흡을 내쉰다.

Healing Voice

🔊 하헤히호후 발성
기초 모음 연속 발성

기초 모음을 한 음절씩 짧게 여러 번 소리를 내는 연속 발성 훈련을 해보자. 크게 숨을 들이마신 후, 매번 소리를 낼 때마다 배가 안쪽으로 당겨지는 것을 느끼며 힘 있게 발성해보자.

하 하 하
헤 헤 헤
히 히 히
호 호 호
후 후 후

하 헤 히 호 후
히 헤 하 호 후
하 헤 히 호 후
히 헤 하 호 후

🔊 마스크 공명 발성
최적의 자기 목소리 톤 찾기

'함~~' 공명 발성을 적용하면 최적의 자기 목소리 톤 찾기가 훨씬 수월해진다. 하품하듯 입을 크게 벌린 상태에서 공기를 앞으로 내뿜으면서 '하~아~암~' 소리를 내보자. 마지막에 양 입술이 붙으면서 앞니와 입술에 진동이 충분히 느껴지게끔 공명음을 반복해서 연습해보자. 목에 전혀 힘이 들어가지 않은 상태에서 아랫배가 들어가면서 편안하게 나오는 톤이 최적의 자기 목소리 톤이다.

하~아~암~~~
하~아~암~~~
하~아~암~~~

함~~마~~~~
함~~마~~미~~모~~~
함~~마~메~미~모~무~
함~~마~메~미~모~무~

마스크 존의 울림 느끼기

Healing Voice

🔊 학다리 발성
뱃심으로 힘 있게 발성하기

선 자세에서 한쪽 다리를 가볍게 들면, 체중을 싣고 있는 다리에 힘이 실리는 동시에 아랫배에도 힘이 단단하게 들어가는 것을 느낄 수 있다. 그 상태에서 복식 호흡으로 숨을 깊게 들이마신 후, 마스크 공명을 이용해 다음의 글을 큰소리로 읽어보자.

함~~ 새:는 알에서 나오려고 투쟁한다.
함~~ 알은 세:계이다.
함~~ 태어나려는 자는
함~~ 하나의 세:계를 깨뜨려야 한다.
함~~ 새:는 신에게로 날아간다.
함~~ 신의 이름은 압락사스.

_헤르만 헤세,《데미안》中

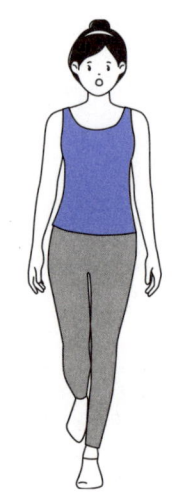

한쪽 다리 들고 낭독하기

발음 연습
'ㄴ' 정확한 발음 훈련

'ㄴ'은 윗잇몸과 이의 경계에 혀끝을 붙여서 입 안 공깃길을 막고 콧구멍으로 내는 소리이다. 같은 조음점에 혀를 둔 상태로 구강에서 소리를 내면 'ㄷ' 발음이 된다. 혀의 위치와 발음에 유의하며 다음 내용을 읽어보자.

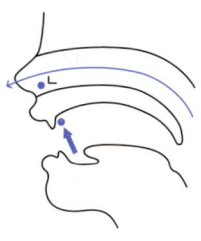

'ㄴ' 혀의 위치

나나나나나   내내내내내   느느느느느
나라   네:모   너와   노을   뉴기니   널:뛰기
나풀나풀 나비   너울너울 나뭇잎   노릇노릇 눌은밥
                나문닙   노론노를

날마다 냠냠냠 너겟을 먹는다.
노리끼리한 누렁이가 냄:새를 맡는다.
빛나는 네온전:구와 간판을 점검한다.
  빈나는
넉넉한 큰집에는 말린 노래미가 많:다.
  넝너칸   만:타

Day 4

Healing Voice

📖 힐링 낭독
내용을 음미하며 둥근 억양으로 읽기

의미 단위별로 끊어 읽기를 표시 한 뒤, 둥근 억양으로 읽어보자.

자주 그리고 많이 웃:는 것,
　　　　　　　웃:는 걸

지혜로운 사:람에게 존경받고 해맑은 아이들에게 사랑을 받는 것,
　　　　　　　　존경받꼬　　해말근

정:직한 비:평가들에게 인정받고 거:짓된 친구들의 배:반을 견뎌내는 것,
정:지칸　　　　　　　　　　　　거:짇뙨

진정한 아름다움을 발견하고 다른 사:람의 장점을 알아보는 것,
　　　　　　　　　　　　　　　사:라메　　장쩌믈

튼튼한 아이를 낳:거나 한 뼘:의 정원을 가꾸거나
　　　　　　　나:커나

사회 여:건을 개:선하거나
　　　여:꺼늘

무엇이든 자신이 태어나기 전보다 조금이라도 나은 세:상을 만들어놓

고 가는 것,

자네가 이곳에 살:다 간 덕분에
　　　　　　　　덕뿌네

단 한 사람의 삶:이라도 더 풍요로워지는 것,

이것이 바로 성공이라네.

_랄프 월도 에머슨

> **❝ 생각하고 말할 거리 ❞**
>
> 인생에서 성공이란 무엇일까? 삶의 마지막 순간에 당신의 인생이 어떻게 보였으면 좋겠는가? 당신의 장례식에서 사람들이 하는 이야기를 들을 수 있다면 어떤 이야기를 듣고 싶은가?

오늘의 일지

목소리 훈련을 하면서 인지한 몸의 느낌, 감정, 생각과
소리의 미세한 변화에 대해 자유롭게 적어보자.

Day 5

오늘의 목표
- 공명음으로 노래 부르기
- 음절 길게 늘이며 마스크 공명 발성하기
- 거리에 따른 성량 조절하기
- 둥근 억양으로 자연스럽게 낭독하기

 복식 호흡
자연적인 호흡에 연결하기

빨대를 활용해서 호흡이 들어오고 나갈 때 복부가 확장되고 수축되는 것을 자연스럽게 느껴보자. 호흡을 하는 동안 우리 몸은 자동적으로 반응하는데, 이러한 운동감각을 인식해보는 훈련이다. 동시에 들숨이 날숨으로 전환되는 순간 빨대의 온도가 따뜻해지는 것을 느껴보자. 우리 몸은 자신의 따뜻함을 호흡을 통해 보여준다.

1. 빨대의 중간 부분을 잡고 빨대 끝을 입술 사이에 살짝 밀어 넣는다.
2. 천천히 1에서 4까지 세는 동안 빨대를 통해 호흡을 내보낸다.
3. 다시 4까지 세면서 빨대를 통해 호흡이 들어오게 한다.
4. 위 과정을 반복하면서 빨대를 통해 호흡하는 동안 몸의 중심에서 어떠한 일이 일어나고 있는지 느껴보자.

Day 5   Healing Voice

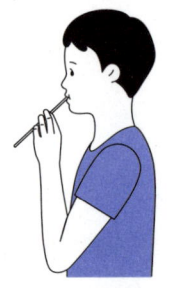
빨대를 입에 물고 호흡

풍선을 불면서 호흡

비슷한 훈련으로 풍선을 활용해볼 수 있다. 자신에게 맞는 속도로 풍선을 불면서 필요할 때마다 호흡이 들어오게 한다. 풍선을 부는 사이에 몸의 중심에서는 무슨 일이 일어나는지 인식해보자. 또한 더 깊은 호흡을 할 때마다 우리 몸의 근육들이 어떻게 작용하는지를 관찰해보자.

공명음으로 노래 부르기

커다란 사탕 하나를 물었다고 상상하면서 입안에 빈 공간을 만든 상태로 입술을 가볍게 다문다. 그리고 복식 호흡으로 숨을 들이마시고, 편안하게 허밍을 해본다. 이때 입 모양은 마치 '옴~~'을 발음하듯 앞으로 살짝 나와야 허밍이 훨씬 잘된다. 코와 입 주변에 부드러운 공명음이 느껴진다면 성공이다. 바로 그 공명음으로 허밍을 하면서 간단한 동요를 불러보자.

허밍 대신에 '나' 혹은 '마' 음절을 반복하면서 노래를 부르는 것도 공명을 익히는 데 도움이 된다. 이때 손을 자신의 코와 입 주위에 올려 부드러운 울림을 확인해본다. 울림이 가장 많이 실리는 음높이가 자신의 최적의 목소리 톤이다.

마스크 공명 발성
같은 톤으로 음절 길게 늘이며 발성하기

'함~~' 허밍 발성을 통해 적절한 톤을 찾은 후, 공기를 마스크 쪽으로 모아서 같은 톤으로 다음 음절을 길게 늘이며 발성한다.

함~~~맘~맘~맘~맘~맘~맘~
함~~~멤~멤~멤~멤~멤~멤~
함~~~밈~밈~밈~밈~밈~밈~
함~~~몸~몸~몸~몸~몸~몸~
함~~~뭄~뭄~뭄~뭄~뭄~뭄~
함~~맘~멤~밈~몸~뭄
함~~맘~멤~밈~몸~뭄

아~ㄴ~~

안~~녕~~하~~세~~요~~ 안녕하세요?

Day 5 — Healing Voice

바~ㄴ~~

반~~갑~~습~~니~~다~~ 반갑습니다.

안녕하세요? 반갑습니다.

* "반갑습니다"에서 ㄴ과 ㅂ 받침의 발음에 유의할 것!

앉아서 다리 들고 발성
'ㅗ', 'ㅜ' 모음 연속 발성

앉은 자세에서 두 다리를 올리면 배에 저절로 힘이 들어가 발성을 더 쉽게 할 수 있다. 이 자세를 유지하면서 'ㅗ'와 'ㅜ'를 한 음절씩 빠르게 연속 발성해보는 훈련을 해보자. 배가 쑥쑥 들어가면서 소리가 생성되어 나오는 것을 느끼는 것이 중요하다. 또한 'ㅗ'와 'ㅜ' 모음은 우리가 평상시 정확한 입 모양으로 발음하지 않는 대표적인 모음이다. 입술을 오므리고 입 모양을 둥글게 만든 후, 소리를 입 밖으로 끌어내는 느낌으로 또렷하게 발음해보자.

오 오 오 오 오 오 오 오 오 오
오 오 오 오 오 오 오 오 오 오

우 우 우 우 우 우 우 우 우 우
우 우 우 우 우 우 우 우 우 우

오 우 오 우 오 우 오 우 오 우
오 우 오 우 오 우 오 우 오 우

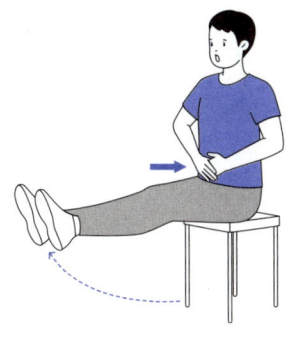

다리 들고 발성 연습

Day 5

Healing Voice

성량 조절
거리에 따른 성량 조절

누군가를 '어이~' 하며 부른다고 상상해보자. 거리가 멀어질수록 더욱 큰소리로 부르기 위해서는 더 많은 공기를 들이마시고, 배를 힘 있게 수축해야 한다. 몸이 어떻게 자연스럽게 반응하는지 인지하면서 성량을 조절하는 훈련을 해보자. 우렁찬 소리가 자유롭고 막힘없이 표현되는 것을 느껴보자.

1. 그 사람이 바로 옆에 있다.
   '어이~'
2. 그 사람이 문 밖에 있다.
   '어이~~'
3. 그 사람이 마당에 있다.
   '어이~~~'
4. 그 사람이 길 건너에 있다.
   '어이~~~~'

이번엔 학창시절로 돌아가 교실에서 친구의 이름을 부른다고 상상해 보자. 가장 친한 친구의 이름을 미소 짓는 얼굴로 반갑게 불러보자.

1. 친구가 바로 옆에 있다.

   '○○야~'

2. 친구가 교실 문 앞에 있다.

   '○○야~~'

3. 친구가 복도에 있다.

   '○○야~~~'

4. 친구가 운동장에 있다.

   '○○야~~~~'

Day 5

Healing Voice

📖 힐링 낭독
내용을 음미하며 둥근 억양으로 읽기

의미 단위별로 끊어 읽기를 표시한 뒤, 둥근 억양으로 읽어보자.

사:람들은 종:종 변:덕스럽고 불합리하며 자기중심적이다.
　　　　　　　　변:덕쓰럽꼬　불함니

그럼에도 그들을 용서하라.

네가 친절을 베풀면 이:기적이거나

무슨 저:의가 있을 거라고 탓할지 모:른다.
　　　저:의/저:이　　　　　　타탈찌

그럼에도 친절하라.

네가 정:직하고 솔직하면 사:람들이 널 속일지도 모:른다.
　　　정:지카고　솔찌카면

그럼에도 정:직하고 솔직하라.

네가 오랫동안 쌓아올린 것을 누군가 하룻밤 새: 무너뜨릴지도
　　　오랟똥안　　　　　　　　　　　하룯빰

모:른다.

그럼에도 그것을 쌓아라.

네가 평온과 행:복을 얻으면 그들은 시샘할지 모:른다.

그럼에도 행:복하라.
　　　　　행:보카라

네가 오늘 한 선:행을 사:람들은 내일 잊어버릴 것이다.

그럼에도 선을 행하라.

_켄트 M. 키스, 《위대한 역설》 中

> **❝ 생각하고 말할 거리 ❞**
>
> 최근 누군가에게 친절을 베풀거나 정직하게 말했던 경험, 혹은 선을 행한 적이 있는가? 그때의 상황과 감정을 떠올리며 이야기해보자.

오늘의 일지

목소리 훈련을 하면서 인지한 몸의 느낌, 감정, 생각과 소리의 미세한 변화에 대해 자유롭게 적어보자.

Day 6

오늘의 목표
- 티슈를 이용해 긴 호흡 일정하게 유지하기
- 'ㅣ, ㅜ, ㅐ, ㅏ, ㅑ' 모음 집중 연습
- 앞니 부근의 울림에 집중하며 발성하기
- 둥근 억양으로 자연스럽게 낭독하기

 복식 호흡
티슈를 이용해 일정한 호흡 유지하기

각 티슈의 휴지를 한 장 꺼내, 손으로 휴지의 양 끝을 잡은 다음 숨을 크게 들이마신 후, '후~~' 하고 불어보자. 티슈가 움직여 바닥과 수평이 되게끔 공기의 양을 조절하면서 '후~후~후~후~' 가볍게 호흡을 반복해본다.

이어서 호흡의 길이를 조금씩 늘여보자. 숨을 내쉬는 동안 티슈가 아래로 떨어지지 않고 수평을 유지하는 것이 중요하다. 복근의 힘을 이용해서 일정하게 호흡을 유지하는 방법을 자연스럽게 익힐 수 있다.

1. '후~후~후~후~' 가벼운 호흡 (10회 반복)
2. 마음속으로 셋까지 세며 '후~~~' 호흡을 내쉰다.
3. 다섯까지 세며 '후~~~~~' 호흡을 일정하게 내쉰다.
4. 일곱까지 세며 '후~~~~~~~' 호흡을 일정하게 내쉰다.

티슈를 이용한 호흡 연습

Day 6 — Healing Voice

🔊 마스크 공명 발성
음절 길게 늘이며 발성하기

'함~~' 공명 발성을 통해 적정한 톤을 찾은 후, 공기를 마스크 쪽으로 모아서 같은 톤과 울림으로 다음 음절을 길게 늘이며 발성한다. 특히 마지막 음절은 3초 정도로 길게 늘여보자. 최적의 톤과 풍성한 울림에 익숙해지도록 하는 훈련이다.

하~아~암~~~   하~아~암~~~   함~~마~~~~

함~~가~기~고~~~   함~~나~니~노~~~
함~~다~디~도~~~   함~~라~리~로~~~
함~~마~미~모~~~   함~~바~비~보~~~
함~~사~시~소~~~   함~~아~이~오~~~

매~미~~ 매~미~~~   노~란~레~몬~~~
가~을~포~도~~~   파~란~하~늘~~~
아~침~마~낭~~~   모~과~나~무~~~

🔊 발음 연습
'ㅣ, ㅜ' 'ㅐ, ㅏ' 'ㅏ, ㅑ' 모음 집중 연습

'ㅣ, ㅜ, ㅐ, ㅏ, ㅑ' 모음의 입 모양에 유의하면서 다음을 읽어보자. 한 호흡으로 세 음절씩 힘 있게 읽으면서 호흡, 발성, 발음 훈련을 동시에 해 보자.

| 기구기 | 니누니 | 디두디 | 리루리 | 미무미 | 비부비 | 시수시 |
| 이우이 | 지주지 | 치추치 | 키쿠키 | 티투티 | 피푸피 | 히후히 |

| 개가개 | 내나내 | 대다대 | 래라래 | 매마매 | 배바배 | 새사새 |
| 애아애 | 재자재 | 채차채 | 캐카캐 | 태타태 | 패파패 | 해하해 |

| 가갸가 | 나냐나 | 다댜다 | 라랴라 | 마먀마 | 바뱌바 | 사샤사 |
| 아야아 | 자쟈자 | 차챠차 | 카캬카 | 타탸타 | 파퍄파 | 하햐하 |

Healing Voice

📖 공명 낭독
앞니 부근의 울림에 집중하며 발성하기

최대한 공기를 마스크 쪽으로 모아서 앞니 부근의 울림을 충분히 느끼면서 다음 글을 천천히 낭독해보자.

매:미의 맴맴하는 울음이 들려왔다. 나는 노래를 부르며 나무와 맨드라
　매:미에　　　　우르미　들려왇따

미 모양이 아름다운 마당으로 들어갔다. 마당 안에는 맑은 우물과 마루
　　　　　　　　　　　　　드러갇따　　　　　　　말근

나무, 말끔한 마루가 있었다.
　　　　　　　　　　이썯따

우물의 모양은 마치 동그란 달 같았으며, 물맛은 무아지경에 이를
우무레　　　　　　　　　　　가타쓰며

만큼이었다.
만크미얻따

오래된 마루는 네:모 문양으로 이어져 많이 매끈하였다.
　　　　　　　　　　무냥으로

마치 나비 네: 마리가 마루 아래에 있는 맨드라미 위로 나란히 날아

앉았고, 내 몸과 마음도 이 네: 마리 나비마냥 날아다니는 듯하였다.
안자꼬　　　　　　　　　　　　　　　　　나라다니는　드타엳따

📖 힐링 낭독
내용을 음미하며 둥근 억양으로 읽기

의미 단위별로 끊어 읽기를 표시 한 뒤, 둥근 억양으로 읽어보자.

우리의 인생은 우리가 생각하는 대로 만들어진다.
   우리에   생가카는

결코 원수에게 앙갚음하려고 하지 말라.
                앙가픔

그것은 원수보다는 우리 자신을 더 해:친다.

우리 마음에 들지 않는 사:람들 생각으로 1분이라도 낭:비하지 말자.

감:사할 줄 모:른다고 화:를 내지 말고 아예 그런 기대를 하지 마라.

예수가 하루에 나:병 환:자 열: 명을 고쳐주었으나 오직 한 명만이 감:사

했음을 기억하자.
      기어카자

우리가 예수보다 더 감:사를 받아야 할 이:유가 있는가?

행:복을 찾는 유일한 길은 감:사 받을 기대를 하는 것이 아니라
      찬는

Day 6

Healing Voice

베푸는 데서 오는 즐거움 때문에 베푸는 것이다.

안:고 있는 문:제를 헤:아리지 말:고, 받고 있는 축복을 헤:아려 보라.
안:꼬   축뽀글

_데일 카네기, 《데일 카네기 자기관리론》 中

> **❝ 생각하고 말할 거리 ❞**
>
> 지금 이 순간 당신이 받고 있는 축복, 감사할 거리들을 떠올려보고 마음껏 소리 내어 감사함을 표현해보자. 아주 사소한 것도 괜찮다. 나는 이 글을 쓰고 있는 지금, 조용한 혼자만의 공간과 시간이 주어진 것에 너무나 큰 축복을 느낀다.

오늘의 일지

목소리 훈련을 하면서 인지한 몸의 느낌, 감정, 생각과 소리의 미세한 변화에 대해 자유롭게 적어보자.

YouTube 저자의 힐링 명상
사랑의 명상

Day 7

오늘의 목표
- 빠른 호흡과 느린 호흡에 익숙해지기
- 'ㅓ'와 'ㅡ' 모음 정확하게 발음하기
- 앞니 부근의 울림에 집중하며 발성하기
- 둥근 억양으로 자연스럽게 낭독하기

복식 호흡
빠른 호흡과 느린 호흡에 익숙해지기

빠른 호흡부터 느린 호흡까지 차례대로 연습해보자. 강한 발성을 위해서는 많은 공기를 빠르게 들이마시고 내쉬어야 하는 반면, 부드러운 발성을 위해서는 적당한 양의 공기를 천천히 들이마시고 내쉬어야 한다. 특히 느린 호흡을 할 때 몸과 마음의 변화에도 주의를 기울여보자.

1. 1초간 들이마시고, 1초간 빠르게 내쉰다. (여러 번 반복)
2. 1초간 들이마시고, 2초간 내쉰다.
3. 2초간 들이마시고, 4초간 내쉰다.
4. 3초간 들이마시고, 6초간 내쉰다.
5. 4초간 들이마시고, 8초간 내쉰다.
6. 5초간 들이마시고, 10초간 내쉰다.
7. 6초간 들이마시고, 12초간 내쉰다.

마스크 공명 발성
앞니의 울림 느끼기

'ㄴ~나~' 공명 발성을 적용하면 앞니의 울림을 훨씬 집중해서 느낄 수 있다. 이는 소리의 공명점을 인중 부근, 즉 윗입술과 윗니 부근으로 모아주는 것인데, 'ㄴ~나~~' 발성 훈련을 하면 그 느낌을 쉽게 인지할 수 있다. 혀끝을 윗니 안쪽에 대고 'ㄴ'을 발음하면서 울림을 충분히 느끼다가 그 울림이 앞으로 포물선을 그리며 튀어나간다고 상상하면서 'ㄴ~나~~' 발성을 길게 해보자.

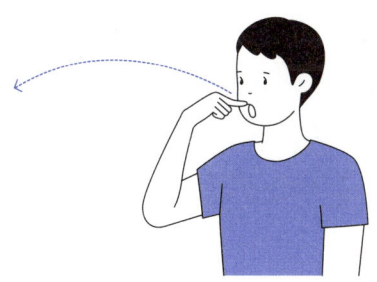

포물선을 그리며 나가는 울림 느끼기

Day 7 — Healing Voice

ㄴ~나~~~ ㄴ~나~니~노~
ㄴ~나~네~니~노~누~~ ㄴ~난~난~난~난~난~
ㄴ~넨~넨~넨~넨~ ㄴ~닌~닌~닌~닌~닌~

ㄴ~~나는 멋지다. ㄴ~~나는 아름답다.
ㄴ~~나는 매력적이다. ㄴ~~나는 건강하다.
ㄴ~~나는 긍정적이다. ㄴ~~나는 친절하다.
ㄴ~~나는 에너지가 넘친다. ㄴ~~나는 행복하다.
ㄴ~~나는 나를 사랑한다.

🔊 발음 연습
'ㅓ' 와 'ㅡ' 발음 구별하기

'ㅓ'와 'ㅡ' 모음을 확실히 구별해서 정확하게 발음해보자. 위 두 모음은 입이 벌어진 정도에서 차이가 있다. 'ㅓ'를 발음할 때는 새끼손가락 두 개가 들어갈 정도로 입을 벌리고, 'ㅡ'를 발음할 때는 입을 조금만 벌리고 입술은 평평한 상태로 만든다. 'ㅓ'를 발음할 때는 아래턱을 약간 내려서 입을 벌리도록 하자.

걸 글   넉 늑   던 든   럴 를
거리 그리   거물 그물   널어 늘어
저:음 즈음   썰:고 쓸고   털어 틀어
증거 거름   흔적 처음   드럼 버릇

어린이들이 큰소리로 떠:든다.

어제 음악을 들으며 커피를 마셨다.
　　　　　　　　　　　　　마셛따

우리들은 처음처럼 웃으며 어울렸다.
　　우리드른　　　　　　　어울렫따

Day 7 Healing Voice

📖 공명 낭독
앞니 부근의 울림에 집중하며 발성하기

최대한 공기를 마스크 쪽으로 모아서 앞니 부근의 울림을 충분히 느끼면서 다음 글을 천천히 낭독해보자.

냉:장실 문에 있는 달달한 레모네이드는 냄:새부터 달달하고, 네:모난
　　　　　　　　　　인는

물색 물통에는 맹물이 찰랑찰랑한다. 나란히 있는 몸에 좋은 양파의 단
물쌕

내는 마음에 들지만 마늘은 냄:새가 맵다.
　　　　　　　　　　　　맵따

내일 낮에 먹을 냉:동 만두와 메밀로 만든 냉:면이 냉:동실에 있고 노란

단무지와 냉이, 미나리, 미역 나물이 냉:장실에 나란히 있다.
　　　　　　　　　　　　　　　　　　　　잍따

오늘 매:점에서 사온 나비 모양의 메론빵이 노릇노릇하다.
　　　　　　　　　모양에　　　　　　　노른노르타다

많이 먹으면 비:만이 된다고 늘씬한 미:인들은 말:하지만 나는 냉:장고

안에 있는 맛난 것을 좋아한다.
　　　　만난

📖 힐링 낭독
내용을 음미하며 둥근 억양으로 읽기

의미 단위별로 끊어 읽기를 표시 한 뒤, 둥근 억양으로 읽어보자.

나는 배웠다.
         배월따

다른 사:람이 나를 사랑하게 만들 수는 없:다는 것을
                                  업:따는

내가 할 수 있는 일은 사랑받을 만한 사:람이 되는 것뿐임을

사랑은 사랑하는 사:람의 선:택에 달린 일:임을

...

또 나는 배웠다.

무엇을 아:무리 얇:게 베어낸다 해도
             얄:께

거기에는 언:제나 양:면이 있다는 것을

그리고 내가 원:하는 사:람이 되는 데는 오랜 시간이 걸린다는 것을

Day 7

Healing Voice

사랑하는 사:람에게는 언:제나

사랑의 말:을 남겨 놓아야 함을 나는 배웠다.
　　　　　　노아야

어느 순간이 우리의 마지막 시간이 될지

아는 사:람은 아:무도 없으므로

...

나는 배웠다.

사랑하는 것과 사랑받는 것을.
　　　　　　걷좌

_오마르 워싱턴, 〈나는 배웠다〉 中

> **❝ 생각하고 말할 거리 ❞**
>
> 위의 시 〈나는 배웠다〉의 전문을 꼭 찾아 읽어보길 바란다. 늘 깨어 있고자 하는 사람에게 삶은 매 순간이 '배움' 그 자체다. 당신이 지금 껏 살면서 확실하게 배운 것이 있다면 무엇인가?

오늘의 일지

목소리 훈련을 하면서 인지한 몸의 느낌, 감정,
생각과 소리의 미세한 변화에 대해 자유롭게 적어보자.

✅ 1단계 체크리스트

☐ 자연적인 몸의 정렬을 찾아 바른 자세를 유지할 수 있는가?

☐ 숨을 들이마시면 배가 나오고, 숨을 내쉬면 배가 들어가는가?

☐ 배가 들어가면서 공기가 성대를 통과하고, 이때 소리가 만들어지는가?

☐ 본인의 의지대로 목의 아치를 크고 둥글게 만들 수 있는가?

☐ 배를 힘 있게 수축시킬수록 큰소리가 나오는가?

☐ '아~~' 발성을 음성의 떨림 없이 15초까지 안정적으로 할 수 있는가?

☐ 자신에게 가장 편안한 최적의 목소리 톤을 찾을 수 있는가?

☐ 마스크 공명 시 코와 입 주변의 울림이 풍성하게 느껴지는가?

☐ 앞니 부근으로 소리의 울림을 집중시킬 수 있는가?

☐ 둥근 억양으로 문장을 자연스럽게 낭독할 수 있는가?

■ 1-4개 ➡ 1단계 처음부터 다시 학습할 것

■ 5-7개 ➡ 미흡한 부분 반복 학습 후, 다음 단계로 넘어갈 것

■ 8-10개 ➡ 통과! 2단계로 진입

2단계
DAY 8~14

세상과 공명하는 나의 목소리

● 목표 ●

마스크 공명 발성으로 풍성한 울림 체득하기
자신의 최적의 목소리 톤에 익숙해지기
소리가 앞뒤 쪽에서 튀어나가는 느낌 유지하기
단계별 발성으로 성량을 자유롭게 조절하기
기본 모음과 자음 정확하게 발음하기
장단음을 스피치에 자연스럽게 적용하기
강조법과 감정이입을 적용해 생동감 있게 말하기
다양한 방송 원고를 분위기에 맞게 표현하기

> "만약 당신이 내게
> '이 세상에 무엇을 하러 태어났는가'라고 묻는다면
> 진정한 나를 발견하여
> 힘차게 살기 위해 태어났다고 말할 것이다."
> – 에밀 졸라

Day 8

오늘의 목표
- 3단계, 5단계 발성으로 성량 조절하기
- 'ㅔ, ㅐ, ㅖ, ㅒ' 모음 정확히 구분하기
- 물결 억양으로 상냥한 목소리 만들기
- 친절한 목소리로 승무원 기내방송문 낭독하기

🔊 마스크 공명 발성
'음냐~' 발성으로 강한 진동 느끼기

자신이 가장 좋아하는 음식을 먹는 상상을 하면서 발성 훈련을 해보자. 음식이 너무 맛있으면 씹으면서 '흐음~~~흐음~~' 감탄이 절로 나온다. 앞에서 누군가가 "맛있어?" 하고 물으면, 고개를 끄덕이며 입을 다문 상태에서 그렇다고 적극적으로 대답해보자. 이때 마스크 주변에 손을 갖다 대어 공명음을 느껴보자.

흐음~ 발성

"맛있어?"	흐음~~
"정말 맛있어?"	흐~~~~음~~~
"정말 그렇게 맛있어?"	흐음~~흐음~~흐음~~

이어서 턱과 입술을 움직이면서 기분 좋게 음식을 씹는 것을 상상해본다. '음냐~음냐~' 소리를 내본다. '음냐~음냐~음냐~음냐~음냐~~' 마스크(코와 입) 주변으로 강한 진동이 느껴지면서 소리가 앞으로 뻗어나가는 것이 느껴질 것이다. 뿐만 아니라 가슴과 머리 주변의 울림도 느껴보자. 이처럼 소리는 반드시 입 밖으로 나와 공기를 진동시켜야 더욱 가치 있는 목소리가 된다는 점을 기억하자.

음냐~음냐~음냐~음냐~음냐~음냐~~~~

Day 8

Healing Voice

🔊 단계별 발성
복근의 힘으로 성량 조절하기

문장 앞의 숫자는 단계별 성량으로 10은 옆 사람과 소곤대는 작은 목소리로, 100은 자신이 낼 수 있는 최대한의 큰소리로 낭독해보도록 한다. 반드시 복식 호흡을 통해 복근의 힘으로 공기의 양을 조절해야 한다.

| 3단계 |

(30) 나는 모:든 면에서 날마다 더 나아지고 있다.

(60) 나는 모:든 면에서 날마다 더 나아지고 있다.

(90) 나는 모:든 면에서 날마다 더 나아지고 있다.

| 5단계 |

(20) 나의 삶:은 경이롭다.

(40) 나는 나에 대해 만족한다.

(60) 나는 사랑받을 가치가 있다.

(80) 나는 지금 이대로의 나를 사랑한다.

(100) 나는 최:고의 것을 누릴 자격이 있다.

🔊 발음 연습
'ㅔ, ㅐ, ㅖ, ㅒ' 모음 집중 훈련

'ㅔ'와 'ㅐ'는 입을 벌리는 정도에서 차이가 난다. 'ㅔ'는 새끼손가락 하나를 무는 정도로 입을 약간만 벌리면서 내는 소리이며, 'ㅐ'는 이보다 두 배로 입을 크게 벌리고 내는 소리다. 'ㅖ'는 [ㅣ+ㅔ]를, 'ㅒ'는 [ㅣ+ㅐ]를 빠르게 이어서 발음하면서 내는 소리이다.

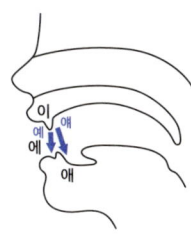

'ㅣ, ㅔ, ㅐ' 발음 훈련

에너지   애국가   예절   얘:기   누에   안경테   돌배   내년
차례   실례   모:레   모래   남매   메주   재:발   제:발

제법 재미있게 얘:기했:다.

해가 갈수록 가:게의 매:출이 증가했:다.
      갈쑤록

게으른 메뚜기와 예의바른 개:미가 셈:을 한다.
                  예이/예의

전염병 예:방을 위해 세: 사람이 그를 에워쌌다.
  저념뼝

애:국심 강한 군인들이 모래사장에서 땀이 배:도록 훈:련을 한다.

Healing Voice

🔊 억양 연습
상냥한 목소리 만들기

목소리와 표정은 함께 가기 때문에 양 입꼬리를 올려서 실제 미소를 지으며 말을 하면 상냥한 목소리는 절로 만들어진다. 다음 단어의 마지막 'ㅣ' 모음은 길게 소리 내면서 웃는 표정을 유지하며 낭독해보자.

미나리~~ 개나리~~ 보따리~~ 가오리~~ 개구리~~ 고사리~~
너구리~~ 병아리~~ 동아리~~ 오소리~~ 옆구리~~ 꾀꼬리~~

다음 내용은 전화를 받는 상황이다. 미소를 머금고, 최대한 상냥한 어투로 말해보자. 어미는 마치 물결치듯이 살짝 퍼올린다는 느낌(물결 억양)으로 말을 하면 훨씬 친절한 느낌이 전해진다.

• 안녕하세요? 네, 무엇을 도와드릴까요?

• 잠:시 자리를 비우셨는데요, 메모 남겨주시면 전해드리겠습니다.

• 죄:송합니다만 전:화 잘못 거신 것 같습니다. 어디로 전:화하셨습니까?

📖 힐링 낭독
내용을 음미하며 큰소리로 읽기

호흡, 발성, 발음에 유의하면서 자연스럽게 낭독해보자.

'내가 걸어온 삶:의 길을 봐! 왜: 난 늘 내게 그리도 가:혹했:을까?

　　　　　　　　　　　　　　　　　　　　　가:호캐:쓸까

왜: 늘 스스로를 그토록 혼내기만 했:을까? 왜 항상 자신을 그렇게 냉대

했:을까? 왜: 내 편을 들어주지 않았을까? 내 영혼의 아름다움을 세:상

에 내보이지 않았을까?'

…

'우리는 왜: 몸을 입고 사:는 동안에는 이것을 깨닫지 못:할까? 자신에

　　　　　　입꼬　　　　　　　　　　　　　깨닫찌　　모:탈까

게 그토록 가:혹할 필요가 없:다는 것을 나는 어쩌면 그리도 몰:랐을까?

　　　　　　　　　　피료　　업:따

나는 여전히 조건 없:는 사랑과 수용의 바다에 온:전히 잠겨 있었다. 새

　　　　　조껀 엄:는

로워진 눈으로 자신을 볼 수 있었고, 내가 이 우:주의 아름다운 존재라

Healing Voice

는 사:실을 알: 수 있었다.
　　　　　알: 쑤 이썯따

존재한다는 사:실 자체만으로 나는 판단이 아니라 부드러운 사랑을 받

을 만하다는 것을 깨달았다. 특별히 무언가를 할 필요가 없:었다. 더도
　　　　　　　　　　　　　특뻘히

말고 덜도 말고 그저 내가 존재한다는 이:유만으로 나는 사랑받아 마땅

한 존재였다.

_아니타 무르자니,《그리고 모든 것이 변했다》中

> **❝ 생각하고 말할 거리 ❞**
>
> 임사체험 후 완전한 치유에 이른 한 여성의 이야기를 담은 위의 책에서 내가 가장 좋아하는 문구는 이것이다.
> "이제 진짜 네가 누구인지 알았으니, 돌아가 두려움 없이 네 삶을 살려무나!"
> 자, 모든 두려움은 사라졌다. 이제 당신은 무엇을 하겠는가?

🎙 오늘의 스피치
나도 승무원

미소를 띄우고 상냥한 목소리로 다음의 기내 방송문을 자연스럽게 읽어보자.

| 이륙 방송 |

손님 여러분, 안녕하십니까? 저희 W항공은 여러분의 탑승을 진심으로
　　　　　　　　　　　　　　　　　　　　　　　　　　　탑씅
환영합니다. 우리 비행기는 파리까지 가는 W항공 7209편입니다.

가지고 계:신 탑승권의 목적지와 좌:석을 다시 한 번 확인하시기 바랍
　　　　　탑씅꿔네　　목쩍찌
니다.

첫 번째 열과 비:상구 열은 별도로 좌:석을 구매하신 분만 이:용할 수 있
　　　　　　　　　별또
으며, 노트북을 포함해 가지고 계:신 모:든 짐은 좌:석 밑이나 머리 위
　　　　　　　　　　　　　　　　　　　　미치나
선반 안에 넣어주시기 바랍니다.

Healing Voice

| 착륙 방송 |

승객 여러분, 우리 비행기는 파리 샤를드골 국제공항에 도:착했:습니다.
_{국쩨}　　　_{도:차캐:씀니다}

지금 이곳은 오:후 9시 20분입니다. 비행기가 완전히 멈춘 후 좌:석 벨트 표시등이 꺼질 때까지 자리에 앉아 계:시기 바랍니다.

선반을 여:실 때에는 안에 있는 물건이 떨어질 수 있으니 조:심해주시고,

잊으신 짐이 없:는지 다시 한 번 살펴주십시오.

저희 W항공을 이:용해주신 여러분께 깊은 감:사를 드리며, 앞으로도 안전하고 편안하게 여행하실 수 있도록 정성을 다:하겠습니다.

안녕히 가십시오.

오늘의 일지

목소리 훈련을 하면서 인지한 몸의 느낌, 감정, 생각과 소리의 미세한 변화에 대해 자유롭게 적어보자.

Day 9

오늘의 목표
- 5단계, 10단계 발성으로 성량 조절하기
- 'ㄷ, ㄸ, ㅌ', 'ㅚ', 'ㅟ' 정확하게 발음하기
- 5가지 강조법을 적용해 연설문 낭독하기
- 감정을 이입해 광고멘트를 실감나게 소화해보기

마스크 공명 발성
음절 길게 늘여 발성하기와 스타카토 발성

'음~~' 마스크 공명을 이용해 가장 편안한 톤을 찾은 후, 같은 톤으로 다음의 내용을 음절을 길게 늘여서 발성해본다. 이때 공기가 앞니 뒤쪽 sweet spot을 치고, 포물선을 그리며 튀어 나간다고 상상하며 소리를 내보자. 음절 늘이기 발성을 통해 공명음에 익숙해진 다음에는 한 음절씩 강하게 끊어서 스타카토 발성을 실시한다.

함~~아~에~이~오~우~	아 에 이 오 우
함~~가~게~기~고~구~	가 게 기 고 구
함~~나~네~니~노~누~	나 네 니 노 누
함~~다~데~디~도~두~	다 데 디 도 두
함~~라~레~리~로~루~	라 레 리 로 루
함~~마~메~미~모~무~	마 메 미 모 무
함~~바~베~비~보~부~	바 베 비 보 부

단계별 발성
복근의 힘으로 성량 조절하기

| 5단계 |

(20) 춤추라, 아무도 바라보고 있지 않은 것처럼

(40) 사랑하라, 한 번도 상처받지 않은 것처럼

(60) 노래하라, 아무도 듣고 있지 않은 것처럼

(80) 일하라, 돈:이 필요하지 않은 것처럼

(100) 살:라, 오늘이 마지막 날인 것처럼

_알프레드 디 수자, 〈사랑하라, 한 번도 상처받지 않은 것처럼〉

| 10단계 |

(10) 청춘이란 인생의 어떤 한 시기가 아니라

(20) 마음가짐을 뜻하나니

(30) 장밋빛 볼, 붉은 입술, 부드러운 무릎이 아니라

(40) 풍부한 상:상력과 왕:성한 감:수성과 의:지력

(50) 인생의 깊은 샘:에서 솟아나는 신선함을 뜻하나니

Day 9   Healing Voice

(60) 청춘이란 두려움을 물리치는 용:기

(70) 안이함을 뿌리치는 모:험심

(80) 그 탁월한 정신력을 뜻하나니

(90) 때로는 스무 살 청년보다

(100) 예순 살 노:인이 더 청춘일 수 있네

_새뮤얼 울만, 〈청춘〉 中

🔊 발음 연습 1
'ㄷ, ㄸ, ㅌ' 정확한 발음 훈련

'ㄷ'은 혀끝이 치조(정확히 말하면, 윗니와 치조의 경계)에 닿으면서 구강에서 나는 소리다. 혀를 이 조음점에 두고 힘을 주면 된소리 'ㄸ'가 되며, 공기를 거세게 내뿜으며 발음하면 거센소리 'ㅌ'가 된다. 혀의 위치와 발음에 유의하며 다음 내용을 읽어보자.

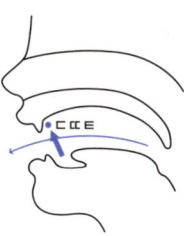

'ㄷ, ㄸ, ㅌ' 발음 훈련

ㄷㄷㄷㄷㄷ   ㄸㄸㄸㄸㄸ   ㅌㅌㅌㅌㅌ

다리   도시   두더지   대나무   더듬이   데드라인

딸기   뙤약볕   딸꾹질   떨떠름   땔:감   또랑또랑
        뙤약뼏   딸꾹찔   땔:깜

탈무드   트럭   토네이도   태극기   투사   티셔츠

따사로운 토요일마다 나들이를 떠난다.
똑딱단추가 달린 누드 톤의 옷이 더 낫:다.
트럼펫을 부는 뜨내기들만 띄엄띄엄 달린다.
달 뜬 다리 위 달콤한 데이트를 즐기는 돈키호테

Day 9 — Healing Voice

🔊 발음 연습 2
'ㅚ'와 'ㅟ' 발음 구별하기

'ㅚ'와 'ㅟ'는 표준발음법에서 이중모음이 아닌 단모음으로 구분된다. 'ㅚ'는 'ㅔ'를 발음할 때의 혀의 위치에서 입 모양을 'ㅗ'로 만들면서 내는 소리이다. 마찬가지로 'ㅟ'는 'ㅣ'를 발음할 때의 혀의 위치에서 입 모양을 'ㅜ'로 만들면서 내는 소리이다.

외:교   괴짜   두뇌   되새김   최:고   회:장

위장   취사   두더쥐   가위   튀김   휘파람

헛된 부:귀영화   외:국산 뷔페 취:식

쇠:고기 최:대 할인 기회   열:쇠 모양 귀고리
                          열:쇠

위층 왼:쪽 방에는 괴짜 외:삼촌이 산:다.

뒷:골목 횡단보도로 위급하게 뛰어가는 괴:물

취:업을 위해 되새기며 공부하는 잠에 취:한 학생들

퇴:근 후 외:국어를 배우며 최:선을 다하는 외:무부 직원

📖 힐링 낭독
강조법을 적용해 큰소리로 읽기

5가지 강조법을 적절히 활용하면서 다음 연설문을 힘차게 읽어보자.

자유로 향:하는 길이 평탄치 않으리라는 사:실은 잘 알:고 있습니다. 홀로 행동하는 사:람은 결코 성공할 수 없:다는 사:실도 잘 알:고 있습니다. 따라서 우리는 *국가 화합을 위해, 국가 건:설을 위해, 새로운 세:계
<u>국까</u>
의 탄:생을 위해 힘을 모아 함께 노력해:야 합니다.
　　　　　　　　　　노려캐:야

모:든 이에게 정:의를 안겨줍시다. 모:든 이에게 평화를 안겨줍시다.

모:든 이에게 일:과 빵, 물과 소금을 안겨줍시다.

모:든 이에게 알립시다. 개:인의 몸과 마음과 영혼은 자유로우며, 이는 다만 그 자신의 자아실현을 위해 존재한다는 사:실을 알:립시다. 이 아
　　　　<u>자시네</u>
름다운 땅이 또다시 누군가의 탄:압으로 신음하거나 세:계의 스컹크가
　　　　　　　　　　타:나브로

Healing Voice

되는 모:욕에 시달리는 일:은 *결코, 절대, 다시는 없:어야 합니다.
　　　　　　　　　　　　　절때　　　　　　업:써야

이제 자유가 군림하게 합시다. 인류의 영광스러운 업적 위에 태양은 영:
　　　　　　굴림　　　　　　일류에　　　　　업쩍

원히 지지 않을 것입니다.
　　　아늘

_넬슨 만델라 대통령의 취임연설 中

* 비슷한 어구가 3번 반복될 때는, 점점 목소리를 힘 있게 내는 단계별 발성법을 적용해보자.

> 66 **생각하고 말할 거리** 99
>
> 역사상 위대한 리더들의 연설을 보면, 국가와 세상을 향한 큰 이상이 느껴진다. 만일 당신에게 세상을 바꿀 힘이 주어진다면, 가장 먼저 무엇을 변화시키고 싶은가?

🎙 오늘의 스피치
나도 성우

광고를 녹음하는 성우가 되었다고 상상하면서, 다음 광고멘트를 실감 나게 소화해보자. 내면에 숨겨진 끼(연기본능)를 마음껏 발산해보는 시간이다!

◉

"요즘 알로에 먹어요."

이 말은 장: 건강, 면:역력까지 챙긴다는 것
　　　　　　 며:녕녁

"요즘 유니베라 알로에 먹어요."

이 말:은 세:계적인 알로에를 경험한다는 것

전 세:계 유니베라 농장에서 직접 키우니까

15년 연속 세:계일류상품 유니베라

"남양 알로에가 유니베라였구나!"

Day 9

Healing Voice

●

사:계절 맛있는 제주 감귤이 당신의 굿데이를 꿀데이로 만듭니다.
　　　마신는/마딘는　　　감규리

귤이 있어 더 좋은 날, 귤처럼 상큼한 하루 되세요.

까먹지 말고 까먹자! 제주감귤

이 캠페인은 사단법인 제주감귤 연합회와 함께합니다.
　　　　　　　　　　　　　연하푀

●

나 홀로 밥을 먹고, 나 홀로 영화 봐도

나 홀로 집에 케빈 부럽지 않다!
　　　　　　　부럽찌　안타

7월 7일부터 7월 9일까지, 벡스코에서 혼밥, 혼술, 혼행 등

싱글을 위한 라이프스타일의 모:든 것이 준:비되어 있습니다.

싱글의, 싱글에 의한, 싱글을 위한 싱글라이프 페어!

오늘의 일지

목소리 훈련을 하면서 인지한 몸의 느낌, 감정, 생각과 소리의 미세한 변화에 대해 자유롭게 적어보자.

 YouTube 저자의 힐링 명상
자유의 명상

오늘의 목표
- 스타카토 발성으로 강하고도 부드러운 목소리 만들기
- 'ㅘ, ㅟ' 모음 정확하게 발음하기
- 'ㄹ' 조음점을 익힌 후, 바르게 발음하기
- 감정을 이입해 DJ 멘트를 실감나게 말하기

스타카토 발성
한 음절씩 강하게 끊어 발성하기

얼굴 근육을 최대한 움직이면서, 한 호흡에 한 음절씩 강한 발성과 정확한 발음으로 소리를 내본다. 이때 마스크 공명을 이용해 힘이 느껴지면서도 부드러운 음성을 만드는 것을 목표로 여러 차례 연습해보자. 만일 잘 되지 않는다면, 한 음절씩 길게 늘여서 발성하기를 한 후에 한 음절씩 강하게 끊어 발성하기를 해보면 잘될 것이다.

레~~코~~드~~로~~얄~~리~~쑥~~캘~~

레 코 드 로 얄 리 쑥 캘
호 요 퍄 페 레 오 쉐 신   케 콰 죄 채 륨 바 쿰 파
루 샬 로 셀 리 슐 르 슬   문 칭 몬 죤 품 찡 몽 친
욜 티 오 열 티 이 얄 토   짜 리 쿨 째 레 콜 쩌 래
뻐 꾸 션 삐 끄 숀 뻬 쿼   여 크 텔 애 커 톨 욜 티

🔊 발음 연습 1
'과'와 '궈' 발음 구별하기

'과'는 'ㅗ'와 'ㅏ'를, '궈'는 'ㅜ'와 'ㅓ' 입 모양에 신경 쓰며 천천히 발음하다가 연이어 빠르게 발음한다. 이처럼 입 모양이 재빨리 변하면서 이중모음이 만들어지는 것에 주의하며 다음을 소리 내어 읽어보자.

과학   와인   화성   좌:우   완두콩   주관식

원두막   권리   월요일   동:물원   뭐:든지   국권
            궐리   워료일   국꿘

만원 좌:석 버스   환:갑기념 관광   오:월의 환:한 햇살
                                              오:워레   해쌀

광:고 상황을 보며 정:확한 성공 원인을 밝힌다.
                                        발킨다

태권도 만:화 영화를 보며 꽈배기 과자를 먹는다.
태꿘도

왕은 과테말라 원두커피를 마시며 권:고문을 쓴다.

교:과서에 실린 세:상의 순환에 관심을 갖고 생활한다.

🔊 발음 연습 2
'ㄹ' 정확한 발음 훈련

혀를 부드럽게 굴리면서 '따~르르릉~~' 소리를 여러 번 내며 혀를 풀어준 후 다음을 천천히 발음해보자. 'ㄹ'은 혀끝이 치조에 닿았다가 뒤로 말리면서 혀의 양옆으로 소리가 빠져나가면서 발음된다. 혀의 위치와 발음에 유의하며 다음 내용을 읽어보자.

따~르르르릉~   따~르르르릉~   따~르르르릉~
(호흡과 동시에 점점 속도를 높이며)
라 랴 러 려 로 료 루 류 르 리
랄 럍 럴 렬 롤 룔 룰 륳 를 릴

모래 장난을 치는 어린이 노:란 레몬과 초록빛 멜론의 부드러운 향기

리본 달린 러브레터를 슬며시 건:네주고 돌아오는 길이다.

라디오에서 들려오는 라일락 노래를 들으며 랄랄랄랄 따라 부른다.

진달래 흐드러진 도:로변을 따라 두루두루 바라보며 달리기를 했다.

📖 힐링 낭독
내용을 음미하며 큰소리로 읽기

다음 예문을 호흡, 발성은 물론, 특히 'ㄹ' 발음에 유의하면서 자연스럽게 낭독해보자.

2004년, 쓰나미가 아체 주:민 수:십만 명을 쓸어갔을 때 울렐르 마을은
이:천사년   심만

가장 먼저 해:일이 덮치고 가장 처:참히 파:괴된 거:대한 폐:허의 무덤이
              덥치고

었다. 당시 울렐르 마을의 스물다섯 살 청년 사파핫은

손바닥만 한 나무를 홀로 바닷물 속:에 심:고 있었다.
손빠닥만   바단물   심:꼬

"이 여린 바까오 나무가 지진 해:일을 막아줄 순 없겠지요.

하지만 자꾸 절망하려는 제 마음을 잡아줄 수 있지 않을까요?"

무릎을 꿇고 나무를 심:던 사파핫은 끝내 파도처럼 흐느꼈다.
무르플 꿀코   끈내

8년 만에 다시 찾아온 나는, 그만 무릎을 꿇고 말았다. 그 가느란 바까

Healing Voice

오 나무가 파도 속에 자라나 숲을 이루었고, 그는 오늘도 붉은 노을 속
　　　　　　　　　　　수플　　　　　　　　　　　　　불근
에 어린 바까오를 심어가고 있었다.

절망의 바닥에서 자라나지 않은 것은 희망이 아니지 않느냐고,
　　　　　　　　　　　　　　아는 거슨

파도는 끝이 없을지라도 나는 날마다 나무를 심어갈 것이라고.
　　　　　　끄치　업쓸찌라도

_정여울, 《성난 얼굴로 돌아보라》 中

> **❝ 생각하고 말할 거리 ❞**
>
> 당신도 청년 사파핫처럼 당장의 눈에 보이는 성과는 없지만, 희망을 품고서 일상에서 꾸준히 실천하는 것이 있는가?

🎙 오늘의 스피치
나도 라디오 DJ

라디오 DJ가 되었다고 상상하면서 다음 오프닝 멘트를 감정을 이입해 자연스럽게 말해보자.

◉

하루키가 장편 소:설을 쓸 때면 지키는 원칙이 있다고 합니다.

하루에 원고지 스무 매 쓰기.

좀 더 쓰고 싶더라도 스무 매 정도에서 딱 멈추고, 잘 안 풀린다 싶은 날
            싶떠라도   시픈
에도 스무 매를 채운답니다.

규칙이라는 거예요. 답답하긴 하지만, 우리의 일상을 지켜주는 걸지도
                  답따파긴   일쌍을
몰:라요.

어서 오세요, 여기는 청춘의 아지트. ○○○의 〈옥탑방 라디오〉입니다.
                                          옥탑빵   라디옴니다

Day 10

H e a l i n g   V o i c e

●

"그쪽은 뭘 하시나요?"

누군가가 이렇게 물으면 뭐:라고 대:답하실 건가요?
　　　　　　　　　　　　　　　　대:다파실

영화 〈레볼루셔너리 로드〉에서 남자는 직업을 말:하죠.

하지만 여자는 다시 물어요.

"직업을 물어본 게 아니라 그러니까, 어떤 일:에 흥:미가 있죠?"라고요.

그냥 하고 있는 일: 말고, 하고 싶은 일:.

싫어도 해야 하는 일: 말:고, 막 좋아서 하는 일:.
시러도

먹고사:는 일: 말:고, 살아가는 일:. 그쪽은 뭘 하시나요?

여기는 〈씨네타운〉입니다.

●

얼마 전, 나이 걱정을 하다가 책에서 이런 구절을 발견했어요.
　　　　　　　걱쩡

'모ː든 나이에는 그 나름의 색깔이 있다. 다시는 오지 않을 색깔이 있다.'
　　　　　　　　　　　　　　　　　　　　　　　　　아늘

이렇게 모ː든 나이엔 다신 돌아오지 않을 색깔,
　이러케

그만의 아름다움이 있다고 생각하니까,
　그마네　　　　　 읻따고　 생가카니까

한 살, 한 살 나이 들어가는 일이 조금 덜 두려워지더라고요.

새해에 나는 어떤 색깔로 물들고, 또 어떻게 빛이 발해질까?
　　　　　　　　　　　　　　　　　어떠케　 비치

이런 기대를 해보는 올해 마지막 날, 〈세ː상의 모ː든 아침〉 ○○○입니다.

오늘의 일지

목소리 훈련을 하면서 인지한 몸의 느낌, 감정, 생각과 소리의 미세한 변화에 대해 자유롭게 적어보자.

Day 11

오늘의 목표
- 'ㅐ, ㅔ' 모음 정확히 구분하기
- 'ㅂ, ㅃ, ㅍ' 조음점을 익힌 후, 바르게 발음하기
- 호흡·발성·발음에 유의하며 힐링 낭독하기
- 감정을 이입해 MC처럼 자연스럽게 말하기

 마스크 공명 발성
한 음절씩 길게 늘여서 & 끊어서 발성하기

마스크 공명을 적용해 힘이 느껴지면서도 부드러운 음성을 만드는 것을 목표로 아래 내용을 연습해보자. 먼저 한 음절씩 길게 늘여서 공명 발성하기를 한 뒤, 한 음절씩 강하게 끊어 발성하기를 해본다.

신~이~시~여~
신 이 시 여
제~가~바~꿀~수~없~는~것~을~
제 가 바 꿀 수 없 는 것 을
받~아~들~일~수~있~는~
받 아 들 일 수 있 는
평~온~함~을~주~시~고~
평 온 함 을 주 시 고
제~가~바~꿀~수~있~는~것~을~
제 가 바 꿀 수 있 는 것 을

Day 11
Healing Voice

바~꾸~는~용~기~를~주~소~서~

바꾸는 용기를 주소서

그~리~고~그~둘~의~차~이~를~알~수~있~는~

그리고 그 둘의 차이를 알 수 있는

지~혜~를~제~게~주~시~옵~소~서~

지혜를 제게 주시옵소서

_라인홀트 니버, 《평온의 기도》 中

🔊 발음 연습 1
'ᅫ'와 'ᅰ' 발음 구분하기

'ᅫ'는 'ㅗ'와 'ㅐ'를, 'ᅰ'는 'ㅜ'와 'ㅔ'를 입 모양에 신경 쓰며 천천히 발음하다가 연이어 빠르게 발음한다. 이처럼 입 모양이 재빨리 변하면서 이중모음이 만들어지는 것에 주의하며 다음을 읽어보자.

왠지   돼:지   쇄:신   쾌유   왜소   괜찮다

웬:만큼   궤:도   훼:방   웨딩   췌:장   퀭하다

대원군의 쇄:국정책

왜가리가 괜:히 왝왝 울어 댄다.

궤: 속에 돼:지고기가 가득하다.

왜구의 역사왜곡에 횃불로 맞서다.

요즘 왠지 웨이브 파마를 하고 싶어.

명예를 훼:손시키는 일은 절대 하지 말라.

휑한 들판에 웨딩드레스를 입은 쇄:골 미:인

Day 11 Healing Voice

🔊 발음 연습 2
'ㅂ, ㅃ, ㅍ' 정확한 발음 훈련

'ㅂ'은 두 입술이 붙었다가 떨어지면서 입안의 공기가 밖으로 터뜨리듯 나가면서 발음되는 소리다. 이 상태에서 입술에 힘을 주면 된소리 'ㅃ'가 되며, 공기를 거세게 내뿜으며 발음하면 거센소리 'ㅍ'가 된다. 특히 'ㅂ'이 받침으로 올 때의 발음에 유의하며 다음 내용을 읽어보자.

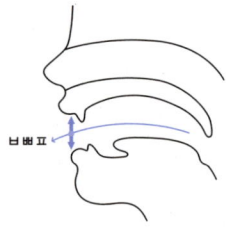

'ㅂ, ㅃ, ㅍ' 발음 훈련

ㅂㅂㅂㅂㅂ   ㅃㅃㅃㅃㅃ   ㅍㅍㅍㅍㅍ

바람	김:밥	뱃놀이	보:물	방법	박물관
	김:빱	밴노리			방물관
빨간색	빨대	고삐	갈비뼈	뽀빠이	빼빼로
	빨때				
파랑새	평화	보풀	거푸집	표피	페:해

푸른 파도가 출렁이는 바다 위 예:쁜 펜션

표고버섯 찌개 거품이 뽀글뽀글 올라온다.

병민이는 삐악삐악 병아리 부화를 지켜본다.

아빠는 평생 감포 보:건소에서 바쁘게 일:하셨다.

보라색 원피스를 입은 발레리나가 별:처럼 빛난다.
　　　　　　　　　　　　　　　　　　빈난다

Day 11

Healing Voice

📖 힐링 낭독
내용을 음미하며 큰소리로 읽기

다음 예문을 호흡, 발성, 발음에 유의하면서 자연스럽게 낭독해보자.

"위로는 일시적인, 혹은 일회적인 마사지일 수도 있어요. 그런데 마사
         일씨저긴
지를 받아도 시간이 지나면 어깨의 근육이 다시 뭉치잖아요? 마음도
                     그뉴기
다시 뭉치는 겁니다. 이렇게 보면 위로는 '따뜻한 속임수'일 수도 있는
                          따뜨탄   소김쑤
거죠. 유교는 '무엇을 하라'고 얘:기하지, '너 힘들지?' 하고 위로하진 않

습니다. 《중용》이나 《대:학》에 이런 말:들이 나와요. '화살이 과:녁을

빗나가면 과:녁을 탓할 게 아니라 자기를 탓해야 한다.'
 빈나가면   타탈께   타태야
바깥에 대고 징징대지 말:라는 얘:기죠. 문:제의 근원이 자기였으니 이
 바까테
때 '무엇을 하라'라는 말:은 자기를 혁신하라는 말:과 동의어가 됩니다.
                            혁씬   동이어/동의어
어차피 시:련이나 상처는 삶:에서 피:할 수 없:는 것들이죠. 원:망만 하

고 있으면 문:제를 푸는 데 도움이 안 돼요."

어떤 마음은 금방 사라지고, 또 어떤 마음은 오래 머물다 사라진다. …

마음이란 본래 생겨나고, 작용하고, 사라지는 속성을 갖고 있기 때문이
　　　　　본래　　　　　　　　　　　　　　　　속썽　　갈꼬

다. 그걸 면밀히 관찰하고 실험하고 결과물을 도:출해야 한다. 그게 진

짜 살아 있는 마음공부다. 그걸 통해 '마음'의 속성을 이:해하면 된다. 속

성을 알아야 운:전법도 알:게 된다.
　　　　　운:전뻡

그때야 우리는 마음의 노예가 아닌, 마음의 주인이 된다.

그 거:대한 생산 공장을 원:하는 대로 굴:리며 마음을 쓰게 된다.

_백성호, 《인문학에 묻다, 행복은 어디에》中

> **❝ 생각하고 말할 거리 ❞**
>
> 자신의 마음을 다스리는 것은 상당히 어려운 일이다. 마음의 노예
> 가 아닌, 마음의 주인이 되기 위한 당신만의 방법이 있는가?

Day 11

오늘의 스피치
나도 MC

다음 교양 프로그램 MC의 멘트를 밝은 표정을 담아 자연스럽게 말해 보자.

◉

백지장도 맞들면 낫:다고 아무리 쉬운 일:이라도 서로 힘을 합하면 더
  백찌짱   맏뜰면 낟:따   하파면
쉽:게 해:낼 수 있다고 하죠?
쉽:께
이처럼 서로 힘을 모아서 공:동창:업에 성공한 청년들이 있습니다.

이:색 치킨부터 3초 피자까지 젊은 아이디어를 밑천 삼아서 당당히 사
                        절믄   믿천 사마서
장님 명찰을 단 청춘들, 지금 만나보겠습니다.

◉

여기 메인 요리보다 더 대:접을 받는 조:연 요리들이 있습니다.

회:를 시켰는데 무려 60가지 반찬이 3층으로 쌓여 나와서 주:목을 받는
                예순가지

가 하면, 닭볶음탕을 시켰는데 같이 나온 묵은지가 더 인기라고 하네요.
      닥뽀끔탕   인끼

주연 요리의 인기를 넘:보는 조:연 별미들을 VJ카메라에 담았습니다.

◉

'소확행'이란 말: 들어보셨나요?

한 유:명 소:설가가 자신의 수필집에 처음 쓴 말:인데요.

갓 구운 빵을 손으로 찢어 먹을 때 그리고 새로 산 면 냄:새가 풍기는 하
얀 셔츠를 머리에서부터 뒤집어쓸 때의 기분이라고 정:의했:습니다.
                                                정:이/정:의

그러니까 일상에서의 작:지만 진정한 행:복이란 뜻인데요,
      일쌍   작:찌만

식도락의 계:절을 맞아 맛있는 음:식을 먹으며 진정한 행:복을 느낄 수
  식또라게   마신는/마딘는

있는 곳에 다녀왔습니다.

_KBS 〈VJ 특공대〉

오늘의 일지

목소리 훈련을 하면서 인지한 몸의 느낌, 감정, 생각과 소리의 미세한 변화에 대해 자유롭게 적어보자.

Day 12

오늘의 목표
- 마스크의 울림에 감정을 실어 시낭송하기
- 'ㅢ' 모음의 3가지 발음 구분하기
- 'ㅅ, ㅆ' 조음점을 익힌 후, 바르게 발음하기
- 기상 정보를 낭랑한 목소리로 전달하기

🔊 마스크 공명 발성
마스크의 울림에 감정을 실어 시낭송하기

음절을 길게 늘이면서 입과 코 주변의 울림을 최대한 느끼며 읽은 후, 내용을 음미하며 감정을 실어 시낭송을 해본다.

한~알~의~모~래~에~서~세~계~를~보~고~
한~송~이~들~꽃~에~서~천~국~을~본~다~
그~대~손~바~닥~안~에~무~한~을~쥐~고~
찰~나~의~순~간~에~서~영~원~을~보~라~

한 알의 모래에서 세:계를 보고
한 송이 들꽃에서 천국을 본다.
    들꼬체서
그대 손바닥 안에 무한을 쥐:고
찰나의 순간에서 영:원을 보라.
 찰라에

_윌리엄 블레이크, 〈순수를 꿈꾸며〉 中

Day 12

Healing Voice

🔊 발음 연습 1
'ㅢ' 모음의 정확한 발음

'ㅢ'는 다음과 같이 세 가지로 발음된다. 위치에 따라 달라지는 'ㅢ' 발음을 익혀서 보다 세련되게 발음해보자.

1. 단어의 첫 음절 '의'는 이중모음 [의]로 발음한다.

   의자   의문   의:리   의식주   의젓하다
                        의식쭈   의저타다

2. 첫 음절 이외의 '의'는 [이]로 발음할 수 있다.

   협의   유희   회:의   여의도   모의고사
   혀븨/혀비

3. 조사 '의'는 [에]로 발음할 수 있다.

   나의 사랑   자연의 순리   논의의 결과   의회민주주의의 의:의
              자여네 술리   노니에   의회민주주이에 의:이

   의:사 선생님들은 대:의명분의 환희에 차서 *희망찬 의:지를 다졌다.
                   대:이명부네 환히   히망

   신:의에 대한 그의 강:의에 주:의를 기울인 후 그 의:미를 알: 수 있었다.
   시:늬/시:니   그에 강:이에 주:이

＊ 예외) 자음을 첫소리로 가지고 있는 음절의 '의'는 [이]로 발음한다.

🔊 발음 연습 2
'ㅅ, ㅆ' 정확한 발음 훈련

'ㅅ'은 혀끝이 치조(ㄷ 조음점보다 조금 뒤)에서 공기를 마찰시키며 내는 소리다. 이 상태에서 목에 힘을 주면 'ㅆ' 발음이 된다. 특히 'ㅅ'을 'ㄷ'으로 발음하거나, 혀가 이 사이로 나와 영어의 'th' 발음이 되지 않도록 주의해야 한다. 'ㅅ' 발음을 잘 하기 위해서는 'ㅅ'과 결합된 모음의 입 모양을 크고 정확하게 하면서 소리를 입 밖으로 밀어내는 느낌으로 발음해보자.

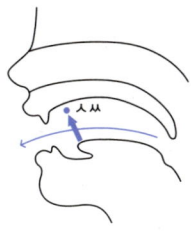

'ㅅ, ㅆ' 발음 훈련

스스스스스   쓰쓰쓰쓰쓰
으-스-드-뜨 (혀가 점점 앞쪽으로 나오는 것을 느끼며)

사랑   서울   쏘시개   박수   세:모   쑥바귀
쉬리   쉐도우   샴페인   새싹   셔츠   슈바이처

Day 12

Healing Voice

숲속 솔숲에 사ː는 수사슴이 새ː소리를 듣는다.
　　　　　솔수페　　　　　　새ː소리

스미스 씨는 시시각각 새로운 생각을 발전시킨다.
　　　　　　시시각깍　　　　　　　　발쩐

삼선 샥스핀 스프를 소고기 탕수육과 쓱쓱싹싹 먹는다.

신진 샹송 가수의 신춘 샹송쇼 후에 가슴이 싱숭생숭하다.

쌀쌀한 새벽 서산 시골집에서 쌉싸름한 쑥국수를 시ː식했다.
　　　　　　　　　시골찌베서　　　　　　쑥꾹쑤　　시ː시캔따

📘 힐링 낭독
내용을 음미하며 큰소리로 읽기

다음 예문을 호흡과 발성은 물론, 특히 'ㅅ' 발음에 유의하면서 자연스럽게 낭독해보자.

글을 **쓰**다가 막힐 때 머리도 **쉴:** 겸 해서 **시**를 읽는다.
　　　　　마킬 때　　　　　　　　　　잉는다

좋은 **시**를 만나면 막힌 말:꼬가 거:짓말처럼 풀릴 때가 있다.
　　　　　　　　　　마킨　　　거:진말

다 된 문장이 꼭 들어가야 할 한마디 말:을 못: 찾아 어**색**하거나 비어 보

　　　　　　　　　　　　　　　　몯:　　　어새카거나

일 때가 있다.

그럴 때도 **시**를 읽는다. 단어 하나를 꿔오기 위해, 또는 **슬**쩍 베끼기 위

해 **시**집은 이렇듯 나에게 좋은 말:의 보고다.
　　　　　　　　　　　　　마:레

심심하고 **심심**해서 왜: **사:**는지 모:르**겠**을 때도 위로 받기 위해 **시**를 읽

는다.

Day 12

Healing Voice

등 따숩고 배불러 정신이 돼:지처럼 무디어져 있을 때 시의 가시에 찔려 정신이 번쩍 나고 싶어 시를 읽는다.

나이 드는 게 쓸쓸하고, 죽을 생각을 하면 무서워서 시를 읽는다.

꽃 피고 낙엽 지는 걸 되풀이해서 봐온 햇수를 생각하고 이제 죽어도
　　　　　　　　　　　　　　　　　　해쑤
여한이 없:다고 생각하면서도 내년에 뿌릴 꽃씨를 받는 내가 측은해서
　　　업:따고　생가카면서　　　　　　　꼳씨
시를 읽는다.

_박완서, 《못 가본 길이 더 아름답다》 中

> 66 **생각하고 말할 거리** 99
>
> "시인은 자두를 봐도 감탄할 줄 아는 사람이다"라는 앙드레 지드의 말처럼 시인의 남다른 감수성과 통찰이 참 부러울 때가 많다. 마지막으로 시집을 펼쳐본 것이 언제인가? 당신이 가장 좋아하는 시를 찾아 읊어보고, 그 느낌을 이야기해보자.

🎙 오늘의 스피치
나도 기상캐스터

기상캐스터가 되었다고 상상하면서, 다음 기상정보를 밝고 낭랑한 목소리로 자연스럽게 전달해보자.

꽃의 계:절 봄이 다가오고 있습니다.
　　꼬체

기상청에 따르면, 올해 봄꽃 개화시기는 평년보다 1~2일 정도 빠를 것으로 보고 있는데요.

개:나리를 기준으로 보면 3월 14일 서귀포를 시:작으로 남부는 3월 중순부터 중부 지방은 3월 하:순에 꽃이 필 것으로 보이고요. 개화 후 일주
　　　　　　　　　　　　　　　　　　　　　　꼬치
일이면 만:개해서 절정에 달하겠습니다.
　　　　　　　　절쩡

오늘 아침, 절기답게 공기가 한결 온화합니다. 현:재 서울 등 곳곳이
　　　　　　　　　　　　　　　　　　　　　　　　　　곧꼬시
영상권으로 출발하고 있는데요, 낮에도 크게 춥지 않겠습니다.
　영상꿘　　　　　　　　　　　　　　　춥찌

Day 12

Healing Voice

오늘 전국이 대체로 맑겠지만 남부 지역은 차차 흐려져 제주와 남해안
　　　　　　　　　　말껟찌만
은 밤부터 비가 내리겠습니다.

기온이 낮은 제주 산간 지역은 최:고 5:cm의 눈:이 예:상됩니다.
　　　　　　　　　　　　　　오:센티미터

낮 최:고기온은 서울 7도, 남부지역은 10도 안팎까지 오르겠습니다.

당분간 큰 추위는 없:겠고요. 다음 주 초반엔 제주와 남해안에 비 예:보

가 있습니다. 날씨였습니다.

오늘의 일지

목소리 훈련을 하면서 인지한 몸의 느낌, 감정, 생각과 소리의 미세한 변화에 대해 자유롭게 적어보자.

 YouTube 저자의 힐링 명상
생각 바라보기 영상

오늘의 목표	• 'ㅈ, ㅉ, ㅊ' 조음점을 익힌 후, 바르게 발음하기 • 길게 소리 나는 장음 단어 발음하기 • 대화체의 예문을 자연스럽게 낭독하기 • 감정을 이입해 쇼호스트처럼 설득력 있게 말하기

🔊 마스크 공명 발성
한 음절씩 길게 늘여서 & 끊어서 발성하기

마스크 공명을 적용해 힘이 느껴지면서도 부드러운 음성을 만드는 것을 목표로 아래 내용을 연습해보자. 먼저 한 음절씩 길게 늘여서 공명 발성하기를 한 뒤, 한 음절씩 강하게 끊어 발성하기를 해본다.

홀~로~행~하~고~게~으~르~지~말~며~
홀 로 행 하 고 게 으 르 지 말 며

비~난~과~칭~찬~에~도~흔~들~리~지~말~라~
비 난 과 칭 찬 에 도 흔 들 리 지 말 라

소~리~에~놀~라~지~않~는~사~자~처~럼~
소 리 에 놀 라 지 않 는 사 자 처 럼

그~물~에~걸~리~지~않~는~바~람~처~럼~
그 물 에 걸 리 지 않 는 바 람 처 럼

진~흙~에~더~럽~히~지~않~는~연~꽃~처~럼~
진 흙 에 더 럽 히 지 않 는 연 꽃 처 럼

무~소~의~뿔~처~럼~혼~자~서~가~라~
무 소 의 뿔 처 럼 혼 자 서 가 라

_《숫타니파타》 中

🔊 발음 연습 1
'ㅈ, ㅉ, ㅊ' 정확한 발음 훈련

'ㅈ'은 혓바닥이 경구개(딱딱한 입천장)에 닿았다가 떨어지면서 구강에서 나는 소리다. 혀를 이 조음점에 두고 힘을 주면 된소리 'ㅉ'가 되며, 공기를 내뿜으며 발음하면 거센소리 'ㅊ'가 된다. 혀의 위치와 발음에 유의하며 다음 내용을 읽어보자.

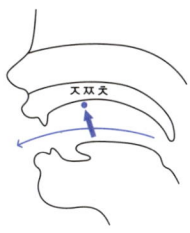

'ㅈ, ㅉ, ㅊ' 발음 훈련

ㅈㅈㅈㅈㅈ   ㅉㅉㅉㅉㅉ   ㅊㅊㅊㅊㅊ

자연   조사   지구   주머니   좌:회전   찌개   짜장면   주꾸미
짝꿍   쪼가리   차도   추석   체육   철저   촉진   청와대
              철쩌 촉찐

책을 **찬찬**히 읽다 보니 **지**식이 **축적**되었다.
    익따   축쩍되얻따

접시가 **쨍**그랑 **쪼**개지는 소리가 **쩌**렁**쩌**렁했다.
접씨

재주 좋은 **지창**이가 **줄**넘기를 **줄**기**차**게 한다.
         줄럼끼

조금 전 기**차** **정거장**에 도:**착**하니 **좌:**석이 **전**부 **찼**다.
        도:차카니

🔊 발음 연습 2
길게 소리 나는 장음 단어 발음하기

우리말에서 모음은 길게도, 짧게도 발음된다. 긴소리는 짧은소리보다 높고 강하게 소리 나기 때문에 장음 단어는 저절로 문장 안에서 강조되며 자연스러운 리듬감이 생긴다. 오늘날 장단음의 구분은 사실상 사라지고 있다. 하지만 분명한 것은 장음을 잘 살려서 말하면 전달력이 높아질 뿐만 아니라 우리말의 기품이 살아난다. 더욱 아름다운 우리말 낭독을 위해 이 책 전체의 모든 단어에 장단음을 표시했다. 다음 장음표시 (:)를 눈여겨보면서 실제로 활용해서 읽어보자.

사과를 건네며 사:과한다.

인생은 짧고 예:술은 길:다.
　　　　　짤꼬　예:수른

행동의 변:화는 운:명의 변:화를 낳:는다.
　　　　　　　운:명에　　　　　난:는다

선:행이란 다른 이를 돕:는 착한 행동을 말:한다.
　　　　　　　　　　돕:는 차칸

예:절에 있어서 형식보다는 정신이 더 중:요하다.
　　　　　　　형식뽀다는

📖 힐링 낭독
내용을 음미하며 큰소리로 읽기

다음 대화체 예문을 호흡, 발성, 발음에 유의하면서 자연스럽게 낭독해보자.

이스라엘의 동:화에 새:들의 불평이라는 것이 있습니다. 창:조주가 각양각색의 동:물을 만들어 산과 들:과 바다로 내려 보내셨습니다. 그
　　　　가갱각쌔게
런데 새:들은 불평을 했:습니다.

"다른 동:물들에게는 튼튼한 다리를 만들어주면서 왜: 우리에게는 이렇게 가느다란 다리를 주십니까? 그리고 양:어깨에 날개라는 무거운 짐을 매달아 주시는 것은 무슨 이:유입니까?"

창:조주는 빙그레 웃:으며 새:들에게 말:했습니다.

"너희들이 무거운 짐으로 생각하는 양:날개를 활짝 펴 보아라."

독수리가 맨 먼저 거:추장스러운 짐으로 여겼던 육중한 날개를 활짝 펴
　독쑤리　　　　　　　　　　　　　　　　　　　　육쭝한

| 2단계 | 세상과 공명하는 나의 목소리　213

Day 13   Healing Voice

서 힘껏 움직여 보았습니다. 그 순간 독수리의 몸은 깃털처럼 가벼워지
<small>힘껏   깃털</small>

면서 창:공을 날 수 있었습니다. 새:들의 양:어깨에 붙은 것은 짐이 아니

라 창:공을 가르는 날개였습니다.

인생도 마찬가지입니다. 우리가 거:추장스러운 짐으로 생각하는 것들
<small>생가카는</small>

이 사:실은 인생의 날개인 경우가 많:습니다. 나의 도움을 필요로 하는
<small>나에   피료로</small>

가족과 친구, 나를 향:한 주위의 기대, 나에게 부:과된 막중한 사:명과
<small>주위에   막쭝한</small>

산적한 난제들… 이런 것들이 사:실은 짐이 아니라 비:상飛上의 날개일

수도 있습니다.   _이선구, 《이선구의 행복비타민》 中

> **❝ 생각하고 말할 거리 ❞**
>
> 누구나 자신의 어깨를 짓누르는 무거운 짐들이 숨 막히게 버거울 때가 있다. 하지만 이것이 짐이 아니라 비상의 날개일 수 있다는 깨달음은 실로 자유로운 마음을 선사해준다. 현재 당신 인생의 짐, 아니 날개는 무엇인가?

🎙️ 오늘의 스피치
나도 쇼호스트

쇼호스트가 되었다고 상상하면서, 다음 멘트를 감정을 한껏 이입해 설득력 있는 목소리로 말해보자.

아~주 달콤하고요. 아~주 상큼하고요

아~주 신선한 제주 하우스 감귤! 오늘 소개해드리겠습니다.

어우~ 진짜 보고만 있어도 입에 침이 살~짝 고이는데요, 이 상큼함, 이 달콤함이 화면 가득히 전해지지 않으십니까? 네, 비타민C가 워낙 풍부
　　　　　　　　　　　가드키
하다 보니까 나른하고 지ː치고 기운 없ː고, 날씨 때문에 또 스트레스 때문에 기운이 부족한 날에는 비타민C를 가득~ 충전할 수 있는 제주 하
　　　　　　　　　　　　　　　　　　　부조칸
우스 감귤 많이들 찾으실 겁니다.

제가 워낙 귤을 좋아해서요, 귤 하나를 고르는 데도 꼼꼼히 따지는 편

Day 13

Healing Voice

이거든요. 보통 하우스 감귤은 껍질이 얇ː고 정ː말 달아서 작으면 작
　　　　　　　　　　　　　　　　껍찌리　 얄ː꼬

을수록 비싸죠. 이렇게 팩에 들은 것을 고를 때도 "이거 얼마야?", "몇

개 들었어?" 하면서 한 개 더 들은 거 고르고 골라서 제법 비싸게 주

고라도 맛있는 귤을 샀던 기억이 있습니다. 그런데 오늘은 그야말로

쾌거! 초특가입니다. 오늘 주ː문하시면 바로 새벽 5시부터 갓 따서요,
　　　초특깜니다

산ː지직송으로 제주의 신선함을 가득 담아서 댁으로 보내드립니다.
　산ː지직쏭

오늘 2.5kg 총ː 두ː 박스, 무려 5ːkg을 가져가실 거구요, 박스 당 30에서

45과 정도 알차게 들어있습니다. 가격은 자동주ː문전ː화로 하시면

보통 1,000원 할인 상ː상하셨습니까? 아닙니다!

오늘 자동주ː문전ː화 3,000원 즉시 할인혜ː택 드려서 39,900원에 맛있
　　　　　　　　　　즉씨

는 감귤을 알뜰하게 가져가실 수 있습니다. 지금 바로 전ː화주세요!

_GS 홈쇼핑 〈돌밭감귤〉

오늘의 일지

목소리 훈련을 하면서 인지한 몸의 느낌, 감정,
생각과 소리의 미세한 변화에 대해 자유롭게 적어보자.

Day 14

오늘의 목표
- 스타카토 발성 후, 감정을 실어 시낭송하기
- 'ㅎ' 발음과 숫자의 장음 9가지 익히기
- 호흡·발성·발음에 유의하며 힐링 낭독하기
- 교통정보를 생동감 있는 목소리로 전달하기

스타카토 발성
강한 발성 후, 감정을 실어 시낭송하기

한 호흡에 한 음절씩 공명음을 충분히 실어 강한 발성으로 소리내본다. 이렇게 스타카토 발성을 한 후에는 전체의 의미를 생각하며 감정을 살려서 시 낭송을 해보자.

어 둠 속 에 서 사 랑 의 불 가 로
나 를 가 만 히 불 러 내 신 당 신 은
어 둠 을 건 너 온 자 만 이 만 들 수 있 는
밝 고 환 한 빛 으 로 내 앞 에 서 서
들 꽃 처 럼 깨 끗 하 게 웃 었 지 요
아 생 각 만 해 도 참 좋 은 당 신

어둠 속에서 사랑의 불가로

나를 가만히 불러내신 당신은

어둠을 건너온 자만이 만들 수 있는

밝고 환:한 빛으로 내 앞에 서서
　　발꼬　　　　비츠로

들꽃처럼 깨끗하게 웃었지요.
　　　　　깨끄타게

아, 생각만 해도

참 좋은 당신

_김용택, 〈참 좋은 당신〉 中

Day 14

Healing Voice

🔊 발음 연습 1
'ㅎ' 정확한 발음 훈련

'ㅎ'은 목구멍에서 나는 소리이기 때문에 결합하는 모음에 따라 소리 나는 위치가 달라진다. 직접 소리를 내보면 '하'는 목구멍에서, '흐'는 구강 가운데서 소리가 나며 '호'는 오므린 입술에서 소리가 나는 것을 알 수 있다. 'ㅎ'이 단어의 첫 음절에 올 경우와 앞 음절에 받침이 없이 모

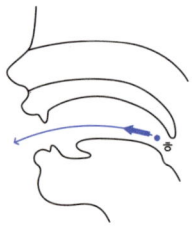

'ㅎ' 발음 훈련

음으로 끝나면 'ㅎ' 음가를 잘 살려서 발음해야 한다. 반면, 'ㅎ' 앞 음절에 받침이 있을 때는 살짝 약화된 'ㅎ' 소리를 내면 된다.

하 하 하 하   흐 흐 흐 흐   호 호 호 호

하늘   호:랑이   해바라기   형광펜   혜:택

회:화   지하철   후:원회   전:화   경향   난항

함께 같은 방향을 향:해야 공허해지지 않는다.

현:재의 흔들림 없:는 충만함에 희망이 차오른다.

한:계를 뛰어 넘어 경험을 통해 의:식을 확장하라.
　　　　　　　　　　　　　　　　확짱

하루에 한 번씩 환희에 차 활활 타오르는 해를 바라본다.
　　　　　　　환히

화:를 내고 후:회하는 대:신 행:복하고 희망찬 상황을 만들자.

H e a l i n g   V o i c e

🔊 발음 연습 2
숫자의 장음 익히기

숫자에도 장음이 있는데, '2, 4, 5, 만, 두(둘), 세(셋), 네(넷), 열, 쉰' 이렇게 아홉 가지다. 이를 제외한 모든 숫자는 단음으로 발음된다. 장음을 살려서 발음하면 수치가 정확하게 잘 전달된다.

몸이 열: 개라도 모:자라다.

천 다음의 숫자 단위는 만:이다.

2:는 그 수량이 둘:임을 나타낸다.
　　　　　　　　두:리믈

식목일에 나무 쉰: 그루를 심었다.
　　　　　　싱모기레

주 4:일제에 하루 8시간 근:무한다.
　　여덜

5:층 아파트 매매가가 억 단위로 치솟았다.
　　　　매매까　　　　　　치소삳따

그의 넷:째 아들은 이:중국적을 지니고 있다.
　　　　　　　　이:중국쩌글

차로 세: 시간을 달리면 60kg의 이:산화탄소가 발생한다.
　　　　　　　　　　　　　　　　　　　발쌩한다

📖 힐링 낭독
내용을 음미하며 큰소리로 읽기

다음 예문을 호흡, 발성, 발음에 유의하면서 자연스럽게 낭독해보자.

고미숙의 《돈:의 달인, 호모 코뮤니타스》에는 '지구는 탄:생 이:래 단

한 번도 같은 날씨를 반:복한 적이 없:었다'는 문장이 있습니다. 봄에
       반:보칸

는 꽃이 피고, 여름은 눈부시고, 가을은 낙엽이 떨어지고, 겨울이면 눈:
    꼬치

이 오는 사:계절을 매:년 겪지만 그 어느 하루도 같은 날씨인 적은 없:었
      격찌만

습니다. 무심했:지만 어떻게 보면 당연한 일:이에요. 우리의 인생도 마
     어떠케

찬가지입니다. 그러니 우리는 우리 앞에 마땅히 주어진 전인미답의 길

을 즐겨야 합니다. 어차피 가야 할 길 앞에서 망설이거나 두려워하기보

다 설렘과 기대를 품:고 걸어야 해요. 우리는 몇 번 단추를 누:르면 어떻
         멷뻔

게 반:응을 하고 어떤 결과가 딱 떨어지게 나오는 기계가 아니니까요.
 바:능

Day 14

Healing Voice

그렇다면 전인미답의 길을 즐기기 위한 가장 중:요한 것이 무엇이냐?
　　그러타면

우리들의 불완전함을 받아들이고 실수에 휘둘리지 않는 겁니다. 전인
　우리드레　　　　　　　　　　실쑤　　　　　　　안는

미답이잖아요. 실수할 수밖에 없:습니다. 가본 적이 없:는 길입니다. 가
　　　　　　　　　　　　쑤바께　업:씀니다　　　　　엄:는

본 적이 없:는데 어떻게 완벽하겠습니까? 길을 걸으며 당연히 실수할
　　　엄:는　　　　　　완벼카게씀니까

겁니다. 그러니 실수를 못 견디고 좌:절하지 마:세요. 나만 그런 게 아닙

니다. 우리는 때로 바깥에 선을 그려놓고 누구 누구의 인생은 이런 실
　　　　　　　　바까테

수가 없:을 것 같다고 생각하겠지만 전혀 아니에요. 전인미답, 누구의
　　　　　　　갇따고　　생가카게찌만

인생이나 같습니다.　　　　　　　　　　　　　_박웅현,《여덟 단어》中
　　　　　가씀니다

> **❝ 생각하고 말할 거리 ❞**
>
> 배우 윤여정 씨가 2013년 한 방송에서 이런 이야기를 했던 게 오래
> 도록 기억에 남는다. "60살이 되어서도 인생을 몰라요. 처음 살아
> 보는 거잖아. 나 67살이 처음이야." 자, 전인미답의 인생길을 즐기기
> 위해 가장 중요한 것, 당신은 무엇이라 생각하는가?

🎙 오늘의 스피치
나도 교통캐스터

교통캐스터가 되었다고 상상하면서, 다음 교통정보를 생동감 있는 목소리로 자연스럽게 전달해보자. 짧은 시간에 많은 정보를 전해야 하기 때문에 말의 속도가 다소 빠른 편이다. 호흡조절에 각별히 신경 쓰면서 말해보자.

57분 교통정보입니다. 서울시ː내에서는 주말을 맞아 나들이 가는 차량
　　　　　　　　　　정봄니다
들이 곳곳에 많ː습니다.
　　　　　곧꼬세
특히 외ː곽과 이어진 길들에 차들이 모아져 있는데요.
　　　트키
북부간선도ː로가 가장 먼저 밀리기 시ː작했ː습니다.
북뿌　　　　　　　　　　　　　　시ː자캐ː씀니다
동부간선도ː로가 녹천교에서 상계교까지 서울 외ː곽 쪽으로 밀리고 있습니다.

그리고 서해안 고속도ː로와 이어진 서부간선도ː로의 교통량도 상당히
　　　　　　　고속또ː로　　　　　　　　　　　　　　교통냥

Day 14 Healing Voice

많은데요.

목동교에서 금천교까지 거의 전 구간에서 속도를 못 내고 있는데,
_{속또}
이 구간 이동하는데 1시간 정도 소:요될 것으로 예:상됩니다.

강변북로는 일산 방향으로 영동대:교에서 서강대:교까지 지체구요.
_{강변붕노   일싼}
같은 방향 올림픽대:로는 한남대:교에서 여의도까지 서:행입니다.

교통정보센터에서 ○○○이었습니다.

오늘의 일지

목소리 훈련을 하면서 인지한 몸의 느낌, 감정,
생각과 소리의 미세한 변화에 대해 자유롭게 적어보자.

✓ 2단계 체크리스트

☐ 마스크 공명 시 코와 입 주변의 울림이 풍성하게 느껴지는가?

☐ 발성 및 낭독을 할 때 목에 힘이 들어가지 않고 편안한가?

☐ 건강하고 편안한 최적의 자기 목소리 톤을 바로 찾을 수 있는가?

☐ 발성 시 앞니 부근의 공명점(sweet spot)이 느껴지는가?

☐ 내용에 따라 성량을 자유롭게 조절할 수 있는가?

☐ 'ㄷ, ㄸ, ㅌ, ㄹ, ㅂ, ㅃ, ㅍ ㅅ, ㅆ, ㅈ, ㅉ, ㅊ, ㅎ'를

  정확하게 발음할 수 있는가?

☐ 'ㅔ, ㅐ, ㅖ, ㅒ, ㅢ, ㅟ, ㅘ, ㅝ, ㅙ, ㅞ'를 정확하게 발음할 수 있는가?

☐ 낭독 시 장단음을 자연스럽게 적용할 수 있는가?

☐ 빠른 속도로 이어지는 문장도 안정된 호흡으로 읽을 수 있는가?

☐ 강조법 5가지와 감정이입을 적용해 생동감 있게 말할 수 있는가?

1-4개 ➡ **2단계 처음부터 다시 학습할 것**

5-7개 ➡ **미흡한 부분 반복 학습 후, 다음 단계로 넘어갈 것**

8-10개 ➡ **통과! 3단계로 진입**

3단계
DAY 15~21

몸, 맘, 말이 하나 되는 스피치

● 목표 ●

일상 대화 시에도 '최적의 목소리'로 말하기
저-중-고음으로 음역을 자유롭게 확장하기
표준발음법 정확하게 이해하고 발음하기
어려운 발음 집중훈련으로 전달력을 최대치로 높이기
긴 문장을 호흡, 발성, 발음에 유의하여 세련되게 낭독하기
앵커 및 아나운서, PT 원고를 프로페셔널하게 소화하기
시를 활용하여 음성연기를 실감나게 해보기
강연하듯이 청중과 소통하며 자연스럽게 말하기

"눈을 감은 사람은 손이 미치는 곳까지가 그의 세계요.
무지한 사람은 그가 아는 것까지가 그의 세계요.
비전이 있는 사람은 그의 비전이 미치는 곳까지가 그의 세계다."
- 폴 하비

오늘의 목표
- 음역을 확장하여 발성하기
- 잘못하기 쉬운 발음 바로 잡기
- 호흡·발성·발음에 유의하며 힐링 낭독하기
- TV 뉴스앵커처럼 명료한 발음으로 말하기

🎧 음역 확장 발성
몸의 울림을 느끼며 발성하기

'함~~'과 '허우~~' 발성으로 저-중-고음으로 음역대를 확장하면서 음역에 따른 몸의 울림(가슴, 안면, 머리)을 느껴보자. 발성 훈련 후에는 의미를 생각하며 감정을 실어 낭독해보자.

(중) 함~~허우~~두 번은 없:다.
(저) 허우~~지금도 그렇고 앞으로도 그럴 것이다.
(중) 허우~~그러므로 우리는 아무런 연:습 없:이 태어나서
(고) 허우~~아무런 훈:련 없:이 죽는다.
(중) 허우~~반:복되는 하루는 단 한 번도 없:다.
(저) 허우~~두 번의 똑같은 밤도 없:고,
(중) 허우~~두 번의 한결같은 입맞춤도 없:고,
(고) 허우~~두 번의 동일한 눈빛도 없:다.

_비슬라바 쉼보르스카, 〈두 번은 없다〉 中

🔊 발음 연습
잘못하기 쉬운 발음 바로잡기

다음은 우리가 일상생활에서 잘못하기 쉬운 발음들이다. 바르게 발음해보자.

1. 그 아이는 똑똑하다. [똑또가다] (X) [똑또카다] (O)
2. 매우 만족하다. [만조가다] (X) [만조카다] (O)
3. 떡하고 밥하고 먹다. [떠가고 바바고] (X) [떠카고 바파고] (O)
4. 일을 못:하다. [모다다/모나다] (X) [모:타다] (O)
5. 성:격이 느긋한 편이다. [느그단] (X) [느그탄] (O)
6. 길이 복잡하다. [복짜바다] (X) [복짜파다] (O)
7. 조:급하게 서두르다. [조그바게] (X) [조:그파게] (O)
8. 4:차 산:업혁명 [사너병명] (X) [사:너평명] (O)
9. 길에서 주운 동전 [주은/주슨] (X) [주운] (O)
10. 감자를 구워 먹다. [구어] (X) [구워] (O)

* 1~8번처럼 두 음운이 합쳐져서 하나의 음운으로 줄어 소리 나는 것을 음운 축약이라 한다.
예사소리 [ㄱ, ㄷ, ㅂ, ㅈ] + [ㅎ] → 거센소리 [ㅋ, ㅌ, ㅍ, ㅊ]

Healing Voice

📖 힐링 낭독
내용을 음미하며 큰소리로 읽기

다음 예문을 호흡, 발성, 발음에 유의하면서 자연스럽게 낭독해보자.

꿈을 꾸는 삶:이란 바로 '나'로 사는 삶:입니다. 자신이 가고자 하는 방
　　　　　살:미란　　　　　　　　　　살:밈니다
향과 자신의 내:면적 욕망이 일치하기 때문입니다. … 꿈은 나만의 고유
　　　　　　　　　　용망　　　　　　　　　　　　　　　나마네
한 동:력에서 생겨납니다. 대:다수가 공:유하는 논리나 이:성에 의해서
　　동:녀게서　　　　　　　　　　　　　　놀리
가 아니라 나에게만 있는 궁금증과 호:기심이 근원적으로 발동해서 생
　　　　　　　　　　　궁금쯩　　　　　　　　　　발똥
산된 것입니다. 그래서 '나'는 꿈을 꿀 때 비로소 진정한 '나'로 존재합니

다. 이때는 내가 분리되어 존재하지 않:습니다. 옹골찬 하나의 덩어리가
　　　　　　　불리
되어 차돌처럼 존재합니다. 자기가 바로 참여자이자 행위자가 됩니다.

비:평가나 비:판가로 비:켜나 있지 않습니다.

구:경꾼으로 살:지 않습니다. … 내가 한 인간으로 잘 살:고 있는지,
　　　　　　　　안쏨니다

독립적 주체로 제대로 서 있는지, 누군가의 대:행자가 아니라 '나'로 살:
　　　　　　　　　　　　　　　　　동닙쩍
고 있는지, 수준 높은 삶:을 살:고 있는지, 철학적이고 인문적인 높이에
　　　　　　　　살:믈　　　　　　철학쩌기고
서 살:고 있는지를 확인하는 방법이 있습니다. 그것은 자신에게 다음과

같이 물어 확인하면 됩니다.

"나는 지금 어떤 꿈을 꾸고 있는가? 나의 삶:이 내 꿈을 실현하는 과정

으로 되어 있는가? 아니면 해:야 하는 일:들을 처:리하는 과정으로 되어

있는가?"

꿈이 없:는 삶:은 빈:껍데기입니다.
　　　엄:는 살:믄 빈:껍떼기

_최진석,《탁월한 사유의 시선》中

> **❝ 생각하고 말할 거리 ❞**
>
> 최진석 교수의 위 질문에 답을 해보자. 당신은 지금 어떤 꿈을 꾸고 있는가? 당신의 삶이 그 꿈을 실현하는 과정으로 되어 있는가? 아니면 해야 하는 일들을 처리하는 과정으로 되어 있는가?

Healing Voice

🎙 오늘의 스피치
나도 앵커

TV 뉴스의 앵커가 되었다고 상상하면서, 다음 앵커멘트를 시청자에게 자연스럽게 전달해보자.
의미 전달에 초점을 맞추면서 호흡 조절에 유의해야 한다. 밥을 꼭꼭 다져가면서 퍼 담는 기분으로 분명한 발음으로 말해보자.

◉

봉준호 감독의 〈기생충〉! 미국 아카데미 최:고의 영예인 작품상과 감독
　　　　　　　　　　　　　　　　　　　감도게
상 등 4:개 부문을 석권했:습니다.
　　　네:개　　　석꿘해:씀니다
봉준호 감독이 세:계적인 영화 거:장으로 다시금 인정받은 건 물론이

고, 한:국영화의 위상도 어제와는 달라졌습니다. 한:국영화 101년

역사상 최:고의 쾌거, 홍석우 기자가 첫 소식으로 전합니다.
역싸상

◉

미:혼모 가정 아이들에게 아주 특별한 선:물이 도:착했:습니다.
　　　　　　　　　　　　　특뻘한　　　　　　　도:차캐:씀니다

바로 뜨개질로 만든 목도리인데요.
　　　　　　　　　　목또린데요

한 땀 한 땀 정성을 담은 이들은, 평균 연령 70대인 뇌졸중 환:자들이었
　　　　　　　　　　　　　　　　　　열령　　　　　　뇌졸쭝
습니다.

김문희 기자입니다.
　　　　　기잠니다

◉

이달 초, 전남 여수에서는 트럭 한 대가 바다에 빠:지는 사:고가 있었습

니다. 이를 목격한 한 시:민이 지체 없:이 바다에 뛰어들어서 트럭 속 여
　　　　　목껴칸

성 두: 명을 모:두 구:해 냈는데요. 이 용:감한 시:민은 오늘 표창장을 받
　　　　　　　　　　　　　　　　　　　　　　　　　　　　　표창짱

았는데, 함께 수여된 포상금도 장애인 단체와 나누겠다고 밝혔습니다.
　　　　　　　　　　　　　　　　　　　　　　　　　　　　　발켜씀니다

강서영 기자가 취:재했:습니다.

Day 15

Healing Voice

●

미세 플라스틱을 비롯한 환경 오:염 물질에 대:한 경:각심이 커지면
　　　　　　　　비로탄　　　　　　　물찌레　　　　경:각씨미

서, 플라스틱 사:용을 줄이려는 노력들이 곳곳에서 이어지고 있는데요.
　　　　　　　　　　　　　　　　　　　곧꼬세서

합성 섬유에 의존해왔던 의류 업계에서도 재:활용 소재를 대:대적으로
합썽　서뮤에　　　　　　　　업꼐　　　　재:화룡

활용하기 시:작하면서, 이른바 '착한 패션'이 대:세라고 합니다.
　　　　　시:자카면서　　　　　차칸

황의준 기자가 취:재했:습니다.

_KBS 〈뉴스9〉, MBC 〈뉴스데스크〉

오늘의 일지

목소리 훈련을 하면서 인지한 몸의 느낌, 감정, 생각과 소리의 미세한 변화에 대해 자유롭게 적어보자.

YouTube 저자의 힐링 명상
감정 바라보기 명상

Day 16

오늘의 목표
- 음역을 확장하여 발성하기
- 잘못하기 쉬운 발음 바로 잡기
- 호흡·발성·발음에 유의하며 힐링 낭독하기
- 공식행사 아나운서가 되어 세련된 진행하기

🔊 음역 확장 발성
몸의 울림을 느끼며 발성하기

'함~~'과 '허우~~' 발성으로 저-중-고음으로 음역대를 확장하면서 음역에 따른 몸의 울림(가슴, 안면, 머리)을 느껴보자.

(중) 함~~허우~~역경과 기회의 차이는 무엇인가?
　　　　　　　　　역꼉과　기회에

(저) 허우~~그것에 대:한 우리의 태:도다.

(중) 허우~~모:든 기회에는 어려움이 있으며

(고) 허우~~모:든 어려움에는 기회가 있다.

(저) 허우~~어려운 환경이 닥쳤을 때

(중) 허우~~뛰어난 태:도를 지닌 사:람은

(고) 허우~~최:악의 상황을 최:대한으로 이:용한다.

🔊 발음 연습
잘못하기 쉬운 발음 바로잡기

다음은 우리가 일상생활에서 잘못하기 쉬운 발음들이다. 불필요한 음운이 첨가되거나 된소리가 지나치게 나오지 않도록 바르게 발음해 보자.

1. 거꾸로 매:달려 있다. [꺼꿀로/꺼꾸로] (X) [거꾸로] (O)
2. 잘났다고 으스댄다. [으시댄다] (X) [으스댄다] (O)
3. 물자를 절약해야 한다. [절략] (X) [저략] (O)
4. 소금은 조금만 드세요. [쪼금만/쪼끔만] (X) [조금만] (O)
5. 다른 물건이에요. [달른/따른] (X) [다른] (O)
6. 밥그릇이 크다. [박끄른] (X) [밥끄른] (O)
7. 불을 켜니까 밝다. [키니까 발따] (X) [켜니까 박따] (O)
8. 청소를 깨끗이 하다. [깨끄치] (X) [깨끄시] (O)
9. 갓난아기에게 엄마가 젖을 먹이다.
    [깐난애기, 저슬, 메기다] (X) [간나나기, 저즐, 머기다] (O)
10. 평생 뜻있는 일을 하다. [뜨신는] (X) [뜨딘는] (O)

Healing Voice

📖 힐링 낭독
내용을 음미하며 큰소리로 읽기

다음 예문을 호흡, 발성, 발음에 유의하면서 자연스럽게 낭독해보자.

우리는 하루하루 성실하게 일:함으로써 자아를 확립하고 인격적 완성
           황:니파고 인격쩍
에 이를 수 있다. 이것은 동서고금을 막론하고 한결같다. 위인들의 삶:
        망논하고 한결갇따 위인드레
을 보면 어김없이 이 사:실을 발견할 수 있다.
   어기멉씨

위인이 아니더라도 성공한 이들의 살아온 길을 들여다보면 모두 최:선

을 다:해 노력했:고, 고난과 고통을 겪으면서도 자기가 해:야 하는 일:에
    노려캘:꼬

몰두했:다.
몰뚜핸:따

우리가 위인이라고 부르는 사:람, 성공했다고 부러워하는 사:람들은 누

구도 따라올 수 없:는 엄청난 집중력으로 자기 일:에 몰두했:고, 그 결과
       집쭝녀그로

특별한 명예와 부:를 차지했:다. 그리고 그들은 세:상 사:람들이 부러워
특뻘한

하는 훌륭한 인격을 자기 것으로 일구었다.
　　　　　　인껴글

남태평양에 위치한 뉴브리튼 섬:에 사:는 부족민들은 '열심히 일:해야
남태평냥　　　　　　　　　　　　　　　　열씸히

좋은 마음이 우러난다', '좋은 일:은 좋은 생각에서 생겨난다'는 마음가

짐으로 살아간다.

그들에게는 '일:은 힘든 것'이라는 개:념 자체가 없:다. 그들에게 일:은 인

격을 수양하는 과정일 뿐이다. 그들은 밭의 배:치, 작물의 수확, 땅의 냄:
　　　　　　　　　　　　　　　　　　바테　　　　　　장무레

새로 농사를 평:가한다. 밭에 좋은 냄:새가 나면 풍년이고, 나쁜 냄:새가
　　　　　　평:까

나는 밭은 가치가 떨어진다고 여긴다.
　　　　바튼

그들은 이렇게 좋은 냄:새가 나는 밭을 가꾸고 농사를 잘 지은 사:람
　　　　　　　　　　　　　　　　　바틀

을 칭찬하고, 그의 인격을 높이 평:가한다. 노동의 결실인 수확을 통해
　　　　　　　　　　　　　　　　　　　　　　결씨린

그의 인격이 높고 낮은지 평:가하는 것이다. 밭의 냄:새가 좋은 사:람,
　그에　　놉꼬　　　　　　　　　　　　바테

농사를 잘 지은 사:람, 즉 일:을 제대로 한 사:람은 인격적으로도 높은
　　　　　　　　　　　　　　　　　　　　　　　　인껵쩌그로도

Day 16　　　　Ｈ ｅ ａ ｌ ｉ ｎ ｇ　　Ｖ ｏ ｉ ｃ ｅ

사:람이라고 평:가받는다.

이처럼 뉴브리튼 부족에게 일:은 생활의 양식을 얻:는 가장 중:요한 수
　　　　　　　　　　　　　　생화레
단이자 마음을 수양하고 인격을 키우는 과정이다. 그들은 '부지런한 사:

람이 좋은 결실을 일군다'고 여긴다.
　　　　　결씨를

_이나모리 가즈오, 《왜 일하는가》 中

> **❝ 생각하고 말할 거리 ❞**
>
> 이나모리 가즈오 회장의 《왜 일하는가》는 2030 젊은이들이 꼭 한 번쯤 읽어봤으면 하는 책이다. '열심히 일해야 좋은 마음이 우러난다', '좋은 일은 좋은 생각에서 생겨난다'는 주장에 동의하는가? 당신에게 '일'은 어떤 의미인가?

오늘의 스피치
나도 공식행사 아나운서

큰 무대에서 공식행사를 진행하는 아나운서가 되었다고 상상하면서, 세련된 억양과 정확한 발음으로 행사를 카리스마 있게 진행해보자. 중요한 단어에는 확실하게 힘을 주고, 끊어 말하기를 분명히 하면서 전달력을 최대치로 끌어올려보자.

◉

사:람과 역사, 문화가 공:존하는 서울, 아름다운 도시 우리 서울의 청사
        역싸

진을 그:려나갈 서울 도시재:생의 비전을 나누는 특별한 오늘,
               도시재:생에   특뼐한

진:행자로 여러분과 함께합니다.

안녕하세요? 저는 ○○○입니다.

이제 서울도시재:생 국제컨퍼런스, 여러분의 뜻을 담아 시:작합니다.
             국쩨   시:자캅니다

Day 16　Healing Voice

◉

도시를 깨우는 비:법, 사:람, 공:동체 그리고 도시재:생을 주제로 하는
　　　　　　　비:뻡

서울도시재:생 국제컨퍼런스는 우리 서울을 비롯해서 해:외 여러 도시
　　　　　　　　　　　　　　　　　　　　비로태서

의 도시재:생의 성과와 함께 오늘을 시:작으로 이틀간의 뿌듯한 여정을
　　　　　　성꽈　　　　　　　　　　　　　　　　뿌드탄

이어갑니다.

도시재:생의 국내외 전문가분들과 우리 시:민 여러분의 지혜와 경험을
　　　　　궁내외

나누며 풍성한 결실 만들어주시면 좋:겠습니다.
　　　　　　결씰

서울도시재:생 국제컨퍼런스의 성공적인 개최를 여러분과 함께 이끌어

오신 분들, 한 분 한 분 소개해드리도록 하겠습니다.

인사드릴 때마다 따뜻한 격려와 환영의 마음을 담은 박수 부:탁드립니다.
　　　　　　따뜨탄　경녀　　　　　　　　　　　박쑤

◉

늘 우리 서울과 함께하는 여러 도시들의 마음을 대:표해서 오늘 기조

연설 해주실 특별한 분을 모:시겠습니다. 인문도시를 위한 도시재:생과

국제협력을 주제로 말:씀해주실 아빈드 케지리왈 인도 델리 주총리님!
　　국쩨혐녀글

여러분, 큰 박수로 무대 위로 맞이해주시기 바랍니다.

◉

네~ 고맙습니다. 인도 델리의 도시재:생의 모습과 함께 도시간의 연대

와 협력의 의미를 나누어주셨습니다. 아빈드 케지리왈 인도 델리 주총
　　　　　혐녀게　의미

리님께 여러분, 다시 한 번 큰 감:사의 박수 부탁드립니다.

오늘의 일지

목소리 훈련을 하면서 인지한 몸의 느낌, 감정,
생각과 소리의 미세한 변화에 대해 자유롭게 적어보자.

Day 17

오늘의 목표
- 음역을 확장하여 발성하기
- 잘못하기 쉬운 발음 바로 잡기
- 호흡·발성·발음에 유의하며 힐링 낭독하기
- 열정적인 프레젠터의 모습으로 멋지게 PT하기

음역 확장 발성
몸의 울림을 느끼며 발성하기

'함~~'과 '허우~~' 발성으로 저-중-고음으로 음역대를 확장하면서 음역에 따른 몸의 울림(가슴, 안면, 머리)을 느껴보자. 발성 훈련 후에는 의미를 생각하며 감정을 살려서 낭독해보자.

(중) 함~~허우~~울:지 마라.

(저) 허우~~외로우니까 사:람이다.

(중) 허우~~살아간다는 것은 외로움을 견디는 일이다.

(고) 허우~~공연히 오지 않는 전:화를 기다리지 마라.

(저) 허우~~눈:이 오면 눈:길을 걷:고

(중) 허우~~비가 오면 빗길을 걸어가라.

(고) 허우~~갈대숲에서 가슴 검은 도요새도 너를 보고 있다.

(중) 허우~~가끔은 하느님도 외로워서 눈물을 흘리신다.

_정호승, 〈수선화에게〉 中

🔊 발음 연습
잘못하기 쉬운 발음 바로잡기

다음은 우리가 일상생활에서 잘못하기 쉬운 발음들이다. 불필요한 음운이 첨가되거나 된소리가 지나치게 나오지 않도록 바르게 발음해보자.

1. 값있는 물건이 질이 좋다. [갑씬는] (X) [가빈는] (O)
2. 패션이 세:련되다. [쎄련되다] (X) [세:련되다] (O)
3. 천을 자르다. [잘르다/짤르다] (X) [자르다] (O)
4. 잔디를 밟:다. [발따] (X) [밥:따] (O)
5. 목젖이 부었다 [목쩌시] (X) [목쩌지] (O)
6. 밭에 씨를 뿌리다 [바체/바세] (X) [바테] (O)
7. 무릎에 앉히다. [무르베] (X) [무르페] (O)
8. 머리의 숱을 치다. [수츨] (X) [수틀] (O)
9. 밤낮으로 공부하다. [밤나스로] (X) [밤나즈로] (O)
10. 괜찮아요. [갠차나요] (X) [괜차나요] (O)

📖 힐링 낭독
내용을 음미하며 큰소리로 읽기

다음 예문을 호흡, 발성, 발음에 유의하면서 자연스럽게 낭독해보자.

정신의학자인 카바트 진 박사는 부ː정적인 감ː정이 소용돌이칠 때 조용
　　　　　　　　　박싸

히 주ː시하노라면 우리 두뇌가 만들어내는 그 소용돌이의 경이로움을

느낄 수 있다고 말ː한다.

"우리가 스스로 만들어내는 부ː정적인 소리에 귀를 기울여보세요. 인간

이 부정적인 감ː정을 스스로 만들어낼 수 있다는 게 얼마나 경이로운 일ː

인가요? 때로는 분ː노에 파묻혀 치를 떨ː기도 하고, 때로는 절망의 늪에
　　　　　　　　　파무쳐　　　　　　　　　　　　　　　　　느페

빠ː져 허덕이는 것도 다ː 우리 스스로 창ː조해내는 겁니다."

부ː정적인 감ː정이나 생각은 내 생존을 위해 생겨나는 것인 만큼, 그 존

재를 인정하고 따뜻하게 받아들이라는 것이다. … 하버드 대ː학의 테일
　　　　　　　　따뜨타게　　　　　　　　　　　　　　　　대ː하게

Healing Voice

러 박사 역시 조용히 주:시하는 것만으로 부:정적인 감:정이나 생각이 90초 내에 식어버린다고 말:한다.

"부:정적 생각이나 감:정의 자연적 수명은 90초이다. 우리가 화:를 내는 순간 스트레스 호르몬이 온:몸의 혈관을 타고 퍼:져나가는데, 90초가 지나면 저절로 완전히 사라진다."
_{온:모메}

그래서 화:는 뿌리 없:는 나무에서 활활 타오르는 불길과 같다고 한다.
_{엄:는   불낄   갇따고}
시간이 흐르면 저절로 꺼지게 돼: 있다. 그런데도 분:노가 90초 이상 지속되는 건 우리 스스로 화:에 기름을 붓:기 때문이다.
_{지속뙤는   붇:끼}

_김상운, 《왓칭》 中

> ❝ **생각하고 말할 거리** ❞
>
> 누구나 가끔은 부정적인 감정의 소용돌이에 빠져 힘들 때가 있다. 감정 속에서 허우적대기보다는 감정을 있는 그대로 바라보는 훈련이 필요하다. 최근에 당신은 어떤 방법으로 스트레스를 해소했나?

🎙 오늘의 스피치
나도 프레젠터

프레젠테이션의 핵심은 사람들의 마음을 움직여 '설득'하는 것이다. 다음 내용에 감정을 이입해 목소리에 다양한 변화를 주면서 열정적인 프레젠터의 모습을 연출해보자.

안녕하십니까? 저는 이번 프로젝트를 총:괄한 H건:축의 ○○○입니다.
　　　　　　　　　　　　　　　　　　　건:추게

(pause)

베트남은 고속성장하고 있습니다. 하노이 텔레콤도 이러한 베트남의 성장에 한 축을 담당하고 있습니다. 저희가 이러한 하노이 텔레콤의 설계에 참여할 수 있는 기회를 갖게 되어서 굉장히 영광으로 생각하고 있
　　　　　　　　　　　　갇께　　　　　　　　　　　　　생가카고
고요, 다시 한 번 이러한 기회를 주신 임:직원 여러분께 감:사드립니다.

(pause)

Day 17 — Healing Voice

보시는 이미지는 베트남의 빠른 성장을 보여주는 여러 가지 이미지들

입니다. 하노이 텔레콤 역시 이러한 성장을 이끌어가고 있습니다.

저희는 이러한 빠른 성장을 하고 있는 하노이 텔레콤의 위상에

걸:맞은 좋은 설계를 제공해드리고자 최:선을 다:했습니다.
걸:마즌

지금부터 저희의 계:획안에 대:해서 설명드리도록 하겠습니다.
저희에   계:회가네

◉

참석해:주셔서 감:사합니다. 먼저 이미지부터 보여드리겠습니다.
참서캐:주셔서

필립 존슨의 글라스 하우스, 앤디 워홀의 마릴린 먼로, 서태지와 아이

들 그리고 누구나 좋아하는 아이폰, 이 네: 가지의 공:통점이 무엇인지
                                    네: 가지에   공:토쩌미

아시겠습니까? (pause)

바로 새로운 것에 대한 시:도입니다. 사:실 누구에게나 새로운 것을 시:도한
                      시:돔니다

다는 것은 쉽:지 않습니다. 실패에 대한 두려움 또는 알: 수 없:는 것에 대
            쉽:찌

한 두려움 등: 여러 가지 이:유 때문이지요. 물론 기존에 있는 방법대로
　　　　　　　　　　　　　　　　　　　　　　　　　방법때로

누구나 하는 것처럼 한다면 실패는 없:습니다. 마음마저 편안합니다.

하지만 중간은 될 수 있어도 최:고는 될 수 없:습니다. 지금 부산시가
　　　　　　　　　　　　　　　　　　　　　업:씀니다

필요한 것은 중간이 아닌 최:고입니다. 동북아의 아이콘이죠. 사:실 저는
　　　피료　　　　　　　　최:곰니다

오늘 아침에 긴장되고 들뜬 마음으로 이 자리에 참석하게 되었습니다.
　　　　　　　　　　　　　　　　　　　　　참서카게

왜냐하면 저는 지금 여기서 여러분과 새로운 역사를 만들 것이기 때문
　　　　　　　　　　　　　　　　　　　　역싸를

입니다.

오늘의 일지

목소리 훈련을 하면서 인지한 몸의 느낌, 감정, 생각과 소리의 미세한 변화에 대해 자유롭게 적어보자.

Day 18

오늘의 목표
- 음역을 확장하여 발성하기
- 속담을 활용해 잘못하기 쉬운 발음 바로 잡기
- 호흡·발성·발음에 유의하며 힐링 낭독하기
- 강연하듯이 청중과 소통하며 자연스럽게 말하기

음역 확장 발성
몸의 울림을 느끼며 발성하기

'함~~'과 '허우~~' 발성으로 저-중-고음으로 음역대를 확장하면서 음역에 따른 몸의 울림(가슴, 안면, 머리)을 느껴보자. 발성 훈련 후에는 의미를 생각하며 감정을 살려서 낭독해보자.

(중) 함~~허우~~가난하다고 다: 인색한 것은 아니다.

(저) 허우~~부:자라고 모두가 후:한 것도 아니다.

(중) 허우~~그것은 사:람의 됨됨이에 따라 다르다.

(고) 허우~~인색함은 검:약이 아니다.

(저) 허우~~후:함은 낭:비가 아니다.

(중) 허우~~인색한 사:람은 자기 자신을 위해 낭:비하지만

(고) 허우~~후:한 사:람은 자기 자신에게는 준:열하게 검:약한다.

(중) 허우~~사:람 됨됨이에 따라 사:는 세:상도 달라진다.

_박경리, 〈사람의 됨됨이〉 中

Day 18

Healing Voice

🔊 발음 연습
속담을 이용한 발음 연습

다음은 잘못 발음하기 쉬운 우리말 속담이다. 발음기호를 참고하여 정확하게 소리 내어 읽어보자.

1. 얕은 내ː도 깊게 건ː너라.
      야튼   깁께

2. 콩을 팥이라 해도 곧이 듣는다.
        *파치라   고지

3. 죽이 끓는지 밥이 끓는지 모ː른다.
                끌른지

4. 닭에게는 보ː석이 보리알만 못ː하다.
      달게게는   모ː타다

5. 가랑잎이 솔잎더러 바스락거린다고 한다.
      가랑니피 솔립떠러   바스락꺼린다고

6. 손톱 밑에 가시 드는 줄은 알아도 염통 안이 곪ː는 것은 모ː른다.
           미테   곰ː는 거슨

---

* 받침 'ㄷ, ㅌ(겹받침 ㄾ)'이 조사나 접미사의 모음 'ㅣ'와 결합되는 경우에는 [ㅈ, ㅊ]으로 바꾸어서 뒤 음절 첫소리로 옮겨 발음한다. (표준발음법 제5장 17항)
ex) 굳이[구지]   밭이[바치]   벼훑이[벼훌치]

📖 힐링 낭독
내용을 음미하며 큰소리로 읽기

다음 예문을 호흡, 발성, 발음에 유의하면서 자연스럽게 낭독해보자.

끝없는 은하계 속의 지구는 한낱 미세한 점만도 못:한데, 그 점 속:에
  끄덥는   한낱   모:탄데

서 우리들은 마치 우:주를 다 가진 듯 큰소리치고 잘난 척한다. 마치

실:같이 가느다란 개:미굴 속:에 사:는 개:미 왕이 지구를 다 가졌다고
실:가치

으스대는 꼴이다.

영:겁의 시간 속:에 비:하면 우리 한평생 칠, 팔십 정도는 눈 깜짝할 순
                                                                                      깜짜칼

간이다. 좋은 마음으로 좋은 말:만 하고 살아도 아까운 세:월인데, 우리

들은 타고난 재주로 이리저리 시간 쪼개어 미워할 시간, 시기할 시간,

불신할 시간, 아픈 줄 시간을 따로 마련하면서 산:다.
불씬할

지금 이 순간 저 별:을 떠나는 빛은 앞으로 1100년 후, 그러니까 서기
                                      비촌

Day 18

Healing Voice

3100년쯤, 지상에서 밤하늘을 쳐:다보는 누군가의 눈과 만날 것이다. 그

땐 또 어느 복제 인간이 복제된 자신의 운:명을 한:탄하며 저 별:을 쳐다
　　　　　복쩨

볼까, 아니면 사:람과 똑같이 생각하는 로봇이 반란을 꿈꾸며 저 별:을
　　　　　　똑까치　생가카는　　　　　　　　　　발라늘

쳐다볼까. 한 가지 확실한 것은, 그때 장영희는 티끌만큼도 흔적이 남

아 있지 않다는 것이다. 내가 지금 존재하고 있는 이 짧은 시간, 이 하나
　　　　안타　　　　　　　　　　　　　　　　짤븐

의 점 같은 공간이 우:주인 줄 알:고, 도대체 왜: 날 건:드리냐고, 왜: 날

못: 잡아먹어 안달이냐고 조목조목 따지고 침 뱉:고 돌아서려던 나의
　　　　　　　　　　　조목쪼목　　　　　　뱉:꼬

개:미 마음이 부끄럽다.
　　　　　　　부끄럽따

_장영희,《내 생애 단 한번》中

🎤 오늘의 스피치
나도 강연가

다음은 실제 강연 스피치를 그대로 옮긴 것이다. 많은 사람 앞에 서서 강연을 한다고 상상하면서, 청중과 소통하듯이 자연스럽게 말해보자.

민달팽이는요, 이쪽 잎에서 저쪽 잎으로 옮겨가는데 한 시간이 넘:게
      이쫑니페서   옴겨가는데

걸립니다. 그게 잘못됐나요? 문:제없:죠. 전혀 이:상 없:는데 그걸 문:제
              잘몯뙌나요

있다고 지레짐작하는 우리 태:도가 문:제인 거죠. 지구상에서 가장 빠
        짐자카는

르다는 치타는요. 한 시간에 110km로 달립니다. 치타나 민달팽이나 자

기 속도대로 가는 거죠. 이렇게 자기 속도대로 가는 모:든 것은 옳고요,
   속또   올코요

동시에 본인한테 편안합니다. 그런데 우리는 그렇게 하지 않죠? 달팽
                펴난함니다   안쵸

이한테 치타를 롤모델로 해서 전력으로 달리라고 요구합니다. 달팽이

한테 비:난을 하지요. "왜 그렇게 사:냐? 열심히 살:질 않냐?"라고 비:난
                                         열씸히

Day 18

H e a l i n g   V o i c e

을 하는 거죠. … 제가 시 하나 보여드릴까요? 전영관 시인의 〈분갈이〉라는 시입니다. "뿌리가 흙을 파고드는 속도로 내가 당신을 만진다면, 흙이
<small>훌글</small>　　　　　　　　　　　　　　　　　<small>흙이</small>

그랬던 것처럼 당신도 놀:라지 않겠지. 느리지만 한 번 움켜쥐면 죽어도

놓지 않는 사랑." 누가 나를 뿌리가 흙을 파고드는 속도로 응원하고, 뿌리
<small>노치 안는</small>　　　　　　　　　<small>훌글</small>

가 흙을 파고드는 속도로 사랑하고 그러면 얼마나 안정적이 되겠어요?

제 아내가 저에게 "느티나무가 자라는 속도가 너의 속도다. 너 원래 그런
<small>월래</small>

속도라서 그래서 나는 네가 너무 좋:다"라고 말:해주었던 것처럼요.
<small>조:타</small>

_ CBS, 《세상을 바꾸는 시간》, 이명수 심리기획자 강연 中

> ❝ **생각하고 말할 거리** ❞
>
> 누구나 자신만의 속도가 있다. 남들이 정해놓은 시간에 맞춰 가는 것이 아니라 왜 가는지를 알고 가는 것이 중요하다. 당신의 속도는 어떠한가? 그리고 타인의 속도를 있는 그대로 인정하는가?

오늘의 일지

목소리 훈련을 하면서 인지한 몸의 느낌, 감정, 생각과 소리의 미세한 변화에 대해 자유롭게 적어보자.

YouTube 저자의 힐링 명상
치유의 명상

Day 19

오늘의 목표
- 음역을 확장하여 발성하기
- 겹받침 정확하게 발음하기
- 호흡·발성·발음에 유의하며 힐링 낭독하기
- 시를 활용하여 음성연기를 실감나게 해보기

🔊 음역 확장 발성
몸의 울림을 느끼며 발성하기

'함~~'과 '허우~~' 발성으로 저-중-고음으로 음역대를 확장하면서 음역에 따른 몸의 울림(가슴, 안면, 머리)을 느껴보자. 발성 훈련 후에는 의미를 생각하며 감정을 살려서 낭독해보자.

(중) 함~~허우~~인생은 흘러가는 것이 아니라 채워지는 것이다.

(저) 허우~~하루하루를 보내는 것이 아니라

(중) 허우~~내가 가진 무엇으로 채워가는 것이다.

(고) 허우~~하루하루 '깨끗한 새 정신'으로 살아야

(저) 허우~~좋은 인생을 살: 수 있다.

(중) 허우~~오늘도 또 깨끗한 새 정신으로 하루를 살자.

(고) 허우~~내가 오늘 무엇을 하느냐가 중:요하다.

(중) 허우~~내 인생의 하루를 그것과 바꾸고 있으니까.

_이근후,《나는 죽을 때까지 재미있게 살고 싶다》中

🔊 발음 연습
겹받침 정확하게 발음하기

다음은 우리가 일상 속에서 잘못하기 쉬운 겹받침의 발음들이다. 발음 규칙을 문법으로 외우기보다는 문장을 통해 발음기호를 소리 내어 읽으면서 정확한 발음법에 익숙해지도록 하자.

1. 화폭에 붉은 색을 짧고 엷:게 칠하다.
           불근   짤꼬 열:께

2. 교:실에 앉아 시를 읊조리며 책을 읽었다.
             안자   읍쪼리며   일걷따

3. 푸른 하늘 아래 맑은 냇:물이 맑기도 맑다.
                 말근   냄:무리 말끼도 막따

4. 나무와 흙과 태양은 그 값과 가치를 따질 수 없:다.
          흑꽈   갑꽈   업:따

5. 밟:지 말라고 했:는데, 넓은 잔디밭을 걸어보니 넓기도 넓다.
     밥:찌   널븐 잔디바틀   널끼도 널따

* 겹받침 'ㄳ, ㄵ, ㄼ, ㄽ, ㄾ, ㅄ'은 어말 또는 자음 앞에서 각각 [ㄱ, ㄴ, ㄹ, ㅂ]으로 발음한다. (표준발음법 제4장 10항)
* 겹받침 'ㄺ, ㄻ, ㄿ'은 어말 또는 자음 앞에서 각각 [ㄱ, ㅁ, ㅂ]으로 발음한다. (표준발음법 제4장 11항)

Day 19

Healing Voice

📖 힐링 낭독
내용을 음미하며 큰소리로 읽기

다음 예문을 호흡, 발성, 발음에 유의하면서 자연스럽게 낭독해보자.

한 젊은 신학생의 이야기가 떠오른다. 소:아마비에 시달리던 그는
       절믄   신학쌩에
내:면 깊은 어딘가에서 모두 제쳐놓고 춤을 추라는 낯선 목소리를 들었
                                               낟썬
다. 그는 목소리를 따라 신학교를 그만두고 춤을 추기 시:작했:다.
                신학꾜   시:자캐:따
이:후 기적적으로 다시 다리를 쓸 수 있게 됐:다. 그는 현:대무:용의 아
       기적쩌그로
버지로 우뚝 선 테드 숀이다. 놀:랍게도 그를 치유한 것은 신학이 아니
                        놀:랍께도
다. 신의 가르침을 그가 온:몸으로 살아냈기 때문이다.

그에게 춤은 살아 있는 신학이었다. 테드 숀의 이런 기적은 가슴 깊은

곳의 열망에 충실해야 한다는 점을 알:고 느끼고 믿는 것을 자신의 살

과 뼈로 용감하게 표현해야 한다는 점을 거듭 일깨운다.

어떤 위기에 직면하건 우리 영혼의 목소리는 언:제나 고통의
　　　　　　　　　　징면

밑바닥에서 신:속하게 해:결책을 일러준다. 이 목소리에 귀 기울이고,
밑빠다게서　　신:소카게

이 목소리를 믿으면 새로운 탄:생의 길을 발견할 수 있다.

귀 기울여 듣고 온:몸으로 실천할 용:기만 있으면 놀:라운 비:밀을 발견

할 수 있다. 더는 장애가 되지 않을 때까지 어떤 장애물이든 사랑하는

것이야말로 온:전한 인간이 되는 최:고의 지름길이다.
　　　　　　　　　　　　　　　　　　　　지름끼리다

_마크 네포, 《고요함이 들려주는 것들》 中

> **❝ 생각하고 말할 거리 ❞**
>
> 가슴 깊은 곳의 열망이야말로 당신의 영혼(내면)이 들려주는 목소리다. 힐링 보이스 트레이닝을 하면서 당신 내면의 목소리를 들었는가? 당신에게 무어라 속삭이는가?

Healing Voice

 오늘의 스피치
　　나도 연기자

다음 시를 활용하여 연기자가 되었다고 상상하면서 음성연기를 해보자. 글 속의 이미지를 머릿속에 그리면서 오감을 총동원해서 시의 정서에 딱 맞는 음성을 찾아보자.

그때, 철판같이 견고한 어둠 한 장이 내렸다.

엄마가 내게 나직이 말:했다.

"애야. 누구든지 자기 안에 파란 대:문이 있단다. 네 안을 들여다보렴."

나는 내 안에 얼굴을 파묻고 날 들여다본다. 가만히 바라보니, 파란 대:문
　　　　　　　　　파묻꼬
하나가 떡 버티고 있었다. 흔들어보아도 꼼짝도 하지 않았다.

"하지만 엄마, 문이 잠겨 있어요. 열:쇠가 없:어요."
　　　　　　　　　　　　열:쒸

"걱정 말아라. 네 마음을 그 열:쇠구멍에 꽂고 힘껏 비:틀어보렴."
　　　　　　　　　　　　　　꼳꼬　힘껃

그러나 나는 "너무 녹슬었어요. 엄마, 온통 붉은 꽃 투성인걸요."
　　　　　　　　　녹쓰러써요　　　　　　　　불근꼳

"아니란다. 이 세:상에 꽃을 피우지 않는 것은 하나도 없:단다. 보거라.
　　　　　　　　　　꼬츨

저 공중에 네 숨:결마저도 아름다운 무늬 꽃을 피우고 있지."
　　　　　　　숨:껼　　　　　　　무니

과:연 바라보니, 내 숨:결의 물빛 붓꽃이 투명한 공기알을 잔잔히 흔들고
　　　　　　　　숨:꺼레 물삗 붇꼬치

있었다. 나는 굳게 닫힌 파란 대:문의 열쇠구멍에 나의 마음을 꽂고는 힘
　　　　　　　굳게 다친

껏 비:틀었다. 그러자 저편 시간의 태엽이 해:제되는 소리가 들렸다.

순간, 내 마음의 경:계선이 모두 지워져버렸고 내 생각의 안팎이 무너
　　　　　　　　　　　　　　　　　　　　　　　생각게　안파끼

져버렸다. 촘촘한 두려움의 경:계가 훨훨 날아 가 버렸다. 그리고 더 이

상 파란 대:문은 내 안 어디에도 존재하지 않았다.

_신지혜, 〈파란대문〉 中

오늘의 일지

목소리 훈련을 하면서 인지한 몸의 느낌, 감정,
생각과 소리의 미세한 변화에 대해 자유롭게 적어보자.

Day 20

오늘의 목표
- 음역을 확장하여 발성하기
- 어려운 발음 집중 훈련하기
- 호흡·발성·발음에 유의하며 힐링 낭독하기
- 강연하듯이 청중과 소통하며 자연스럽게 말하기

 음역 확장 발성
몸의 울림을 느끼며 발성하기

'함~~'과 '허우~~' 발성으로 저-중-고음으로 음역대를 확장하면서 음역에 따른 몸의 울림(가슴, 안면, 머리)을 느껴보자. 발성 훈련 후에는 의미를 생각하며 감정을 살려서 낭독해보자.

(중) 함~~허우~~당신이 자유로운 줄을 어찌 아는가?
(저) 허우~~두려움이나 근심 대:신 행:복과 평안을 느낄 때
(중) 허우~~당신은 당신이 자유로운 줄을 안다.
(고) 허우~~남들의 호:평이나 악평에 휘둘리지 않을 때
(저) 허우~~세:상의 인정을 받아야 할 필요가 느껴지지 않을 때
(중) 허우~~당신이 지금 이대로
(고) 허우~~충분히 선:하고 아름답다는 사:실을 믿을 때
(중) 허우~~그때 당신은 당신이 자유로운 줄을 안다.

_디팍 초프라,《우주 리듬을 타라》中

Day 20

Healing Voice

🔊 발음 연습
어려운 발음 집중 훈련

어려운 발음으로 이루어진 다음 문장을 처음엔 천천히 또박또박 읽다가 점점 속도를 높여보자. 빠르게 읽으면서도 틀리지 않고 정확하게 발음하는 것이 목표다.

- 북가좌동 영어과외 남가좌동 수:학과외

- 담임 선생님인 상담 담당 성선생님은 참치 꽁치찜을 좋아한다.
  다밈

- 할미빵집의 청송콩찰떡, 찰호박빵, 왕밤빵의 앙금맛이 끝내줘요.

- 식품 의약품 안전청에서 증점제, 유화안정제로 사:용되는 알긴산프로

  필렌글리콜

- 디딤돌은 디디고 다닐 수 있게 드문드문 놓은 돌:로 디딤돌도 두드려
  디딤또른

  보고 건:너야 한다.

- 전원주 원주 전원주:택에 사:는 가족들 전원이 정전이 되어서 적막한
  　　　　　　　　　　　　　　　　　　　　　　　　　　정마칸

  정원에 나와 잤다.

- 우리집 옆집 앞집 뒷창살은 홑겹창살이고, 우리집 뒷집 앞집 옆창살
  　　　　엽찝　압찝　뒫창싸른　홑껍창싸리고　　　　뒫찝

  은 겹홑창살이다.
  　　겨폳창싸리다

- 작은 토끼 토끼통 옆에 큰 토끼 토끼통이 있고, 큰 토끼 토끼통 옆에

  작은 토끼통이 있다.

📖 힐링 낭독
내용을 음미하며 큰소리로 읽기

다음 예문을 호흡, 발성, 발음에 유의하면서 자연스럽게 낭독해보자.

칙센트미하이 교:수는 '몰입'을 '자신의 삶:에 완전히 동화되어 몰아지
              모리블   자시네   살:메

경에 이르는 주관적 경험'으로 설명한다. 미켈란젤로가 자기 전공 분야

도 아닌 프레스코로 〈시스티나 예배당의 천장벽화〉란 천하의 걸작을
                                 벼콰   걸짜글

완성시킨 과정은 '몰입'의 과정이다. … 인간이 느낄 수 있는 절대적인
                                                    절때저긴

행:복감은 '몰입'의 경험에서 태어난다. 보:통 사:람들이 생각하듯 돈:
행:복까믄

이나 명예가 많:다고 해서 절대로 행:복한 것은 아니다. 어느 정도 재
            만:타고

산이 축적되면, 그 이:상의 재산 축적이 그 사:람의 행:복감을 증대시키
       축쩍

지 못:한다. 인간이 느끼는 절대적 행:복감은 지금 자신이 하는 일:을 통
    모:탄다

해서 다른 사:람과 세:상에 긍:정적인 영:향을 주고 있다고 느낄 때, 무

엇인가 세:상에 공:헌하고 있다는 확신이 들 때 찾아온다. 이런 행:복감
　　　　　　　　　　　확씨니

은 '몰입'의 짜릿한 경험 상태 속:에 있는 사:람들에게 보:편적으로 찾
　　　　　짜리탄

아오는 현:상이다. 이러한 몰입의 행:복감은 맡겨진 업무에서 엄청난
　　　　　　　　　　　　　　　　　　　　맏껴진　엄무

창:조성을 유발하게 된다. 내가 살아 있다는 신바람 나는 느낌, 아무도
창:조썽　　　　　　　　　　　　　　　신빠람

할 수 없:는 일:을 내가 해:내고 있다는 성취감, 이 일:을 통하여 세:상이

바뀌게 될 것이란 가슴 벅찬 기대감, 이런 것들이 바로 '몰입'의 경험이

며 행:복감을 획득해:가는 창:조성의 경로이다.
　　　　　획뜨캐:가는　　　　경노

_최선미·김상근,《르네상스 창조경영》中

〝 생각하고 말할 거리 〟

짜릿한 몰입, 행복감에 신바람 나던 그 절정의 순간을 떠올려보자. 언제였는가? 대체 무엇이 당신을 몰입의 상태로 이끌었는가? 그 몰입의 경험을 이야기해보자.

Healing Voice

오늘의 스피치
나도 강연가

다음은 실제 강연 스피치를 그대로 글로 옮긴 것이다. 많은 사람 앞에 서서 강연을 한다고 상상하면서, 청중과 소통하듯이 자연스럽게 말해 보자.

에리히 프롬이 쓴 《소:유냐 존재냐》이 책 너무나 잘 아:실 겁니다.

소:유를 추구하는 인간이 될 거냐, 존재라는 걸 경험하는 인간이 될 거냐. 그 질문을 조금 바꿔보면, 소:유물을 사는 소비를 할 거냐. 소:유물을 산다는 것은 이렇습니다. 옷을 사게 되면 옷이라는 소:유물이 생깁니다. 그런데 우리가 소비하는 대:상을 보면 이렇게 소:유물이 생기는 대:상만 있는 게 아니라 뭔가를 경험하고 체험하기 위해서 돈:을 들이는 경우도 있습니다. 여러분은 지금 무료로 듣고 계시지만, 만:일 여기에 참가비가 있다고 가:정해보시면, 이런 강:의는 소:유물이 생기지 않

강:이

습니다. 경험하고 생각하는 겁니다. 여행도 마찬가지죠.
　　　　　　　생가카는

그런데 학자들이 연:구를 해보니까 소:유물을 샀을 때 경험하는 행:복
　　　　학짜

감은 경험을 샀을 때의 행:복감에 비:해서 강도도 약할 뿐만 아니라 오
　　　　　　　　　　　　　　　　　　　　　　　야칼

래가지 않는다라는 겁니다. 그런데 이 경험을 위한 소비가 행:복감이

강하고 오래가는 이:유가 뭐냐. 이야깃거리를 만들어내기 때문에 그렇
　　　　　　　　　　　이야긷꺼리

습니다. 사:람들은 뭔가에 대해서 신나게 이야기할 때 행:복감을 느낍

니다. … 어떤 여행은 인생을 바꿉니다. 하지만 어떤 옷도 우리의 인생

을 바꾸지는 못:합니다. 어떤 생각, 어떤 생각을 할 수 있는 기회는 우
　　　　모:탐니다

리의 인생을 바꿉니다. 그런데 어떤 자동차도 우리의 인생을 바꾸지

못:합니다.

_SBS CNBC 〈인문학 강의〉, "행복에 관하여", 최인철 교수 강연 中

오늘의 일지

목소리 훈련을 하면서 인지한 몸의 느낌, 감정,
생각과 소리의 미세한 변화에 대해 자유롭게 적어보자.

Day 21

오늘의 목표
- 음역을 확장하여 발성하기
- 어려운 발음 집중 훈련하기
- 호흡·발성·발음에 유의하며 힐링 낭독하기
- 강연하듯이 청중과 소통하며 자연스럽게 말하기

🔊 음역 확장 발성
몸의 울림을 느끼며 발성하기

'함~~'과 '허우~~' 발성으로 저-중-고음으로 음역대를 확장하면서 음역에 따른 몸의 울림(가슴, 안면, 머리)을 느껴보자. 발성 훈련 후에는 의미를 생각하며 감정을 살려서 낭독해보자.

(중) 함~~허우~~나는 모ː든 두려움과 의심을 떠나보내고

(고) 허우~~삶ː은 단순하고 수월해진다.

(중) 허우~~나는 나를 위해 스트레스 없ː는 세ː상을 만든다.

(저) 허우~~나는 천천히 호흡하며 숨ː을 쉴ː 때마다 더 이완된다.

(고) 허우~~나는 유ː능한 사ː람이며,

(중) 허우~~내게 닥치는 모ː든 일을 감당할 수 있다.

(저) 허우~~나는 중심과 초점이 잡혀 있으며, 매ː일 더 안정감을 느낀다.

(중) 허우~~나는 모ː든 상황에서 평정심을 유지할 수 있다.

_루이스 L.헤이, 《미러》 中

Day 21 — Healing Voice

🔊 발음 연습
어려운 발음 집중 훈련

어려운 발음으로 이루어진 다음 문장을 처음엔 천천히 또박또박 읽다가 점점 속도를 높여보자. 빠르게 읽으면서도 틀리지 않고 정확하게 발음하는 것이 목표다.

- 삼식이는 3:시 33분이 되자 서울시 서대문구 냉천동의
  세:시

  서울역사박물관과 세실생명 사:무소를 방:문한다.
  역싸방물관

- 알싸한 오징어땅콩, 쫀득한 치즈나쵸, 꼬불꼬불 마라탕면 스낵과 바

  삭한 새우가 요즘 대:세 마라맛 과자

- 콘스탄티노스 카바피의 '이타카'라는 시의 라이스트리콘과 키클롭스,

  포세이돈의 진노를 두려워 마라.

- 셰이크 모하메드 빈 라시드 알 막툼 두바이 통:치자의 다섯째 아들인

셰이크 마지드 빈 모하메드 알 막툼 두바이 문화예:술청장

- 전복빵, 황금광어빵, 목포 못난이빵, 황가오리 빵, 천년 약속 경주 황남빵, 통영 꿀빵이 각광받으며 관광객들을 줄 세우고 있다.
각꽝

Day 21　Healing Voice

📖 힐링 낭독
내용을 음미하며 큰소리로 읽기

다음 예문을 호흡, 발성, 발음에 유의하면서 자연스럽게 낭독해보자.

매:사가 덕분에 이루어졌다고 생각하며 감:사할 줄 아는 사:람은 함
　　　　덕뿌네　　　　　　　　　생가카며
부로 말:하지 않고 타:성에 물들지 않는다. 끊임없이 공부하는 자세
　　　　안코　　　　　　　　　　　　　　　　끄니멉씨
를 잃지 않고 어제와 다른 나를 만나기 위해 부단히 노력한다. 매:사가
　　일치　　　　　　　　　　　　　　　　　　　노려칸다
덕분에 잘된 일:이기에 내가 이룬 나의 성취 결과를 나누고 더불어서
　　　　　　　　　　　　나에
행:복한 사회를 만들기 위한 공부를 게을리 하지 않는다.
행:보칸
나의 전문성은 다른 사:람과의 다양한 인간적 관계 속:에 자란 사회적
　　　전문썽
산:물이자 특정 맥락에서 발아된 문화적 산:물이다. 내가 보:유하고 있
　　　　특쩡맹나게서
는 전문성은 독자적인 지식이나 기술이 아니라 다른 사:람의 전문성을
　　　　　　독짜저긴

활용하여 나의 목적을 달성하는 과정에서 직간접적으로 영:향을 미친
　　화룡　　　　　　모쩌글　　달썽　　　　　　　　직깐접쩌그로

사회적 관계의 산:물이다. 전문성은 덕택에 생긴 것이다. '누군가의 덕

으로 그 은혜가 저:수지 연못처럼 가득 차게 되었다'는 의:미가 바로 덕
　　　　　　　　　　　　　연몯

택이라면, 전문성은 내가 몸담고 있는 현:장, 함께 보내고 있는 현:실 속
　　　　　　　　　　　　몸담꼬

에서, 다른 사:람과의 다양한 인간관계 속에서 갈:고 다듬어진 사회적

합작품이다. 모:든 전문성은 덕택에 축적된 아름다운 성과이자 덕분에
합짝푸미다　　　　　　　　　　　축쩍뙨　　　　　　　　　　덕뿌네

생긴 공:동의 창:작품이다.

덕분에 생긴 전문성이기에 덕을 나눠주는 가운데 다시 한 번 빛을 발
　　　　　　　　　　　　　　　　　　　　　　　　　　　　비츨

할 수 있다. 나의 안위를 위한 전문성이 아니라 행:복한 공:동체를 건:설
　　　　　　　아뉘　　　　　　　　　　　　행:보칸

하는 데 기여할 수 있는 전문성으로 발돋움할 때 비로소 꽃이 피고 열
　　　　　　　　　　　　　　　　발도둠　　　　　　　꼬치

매가 맺힌다. 전문성은 이제 개:인차원을 넘어 공:감의 장으로 공론화
　　매친다　　　　　　　　　　　　　　　　　　　　　　　공논화

되고 마침내 공:명의 파장을 일으키며 사회적 공:동선을 위해 아름답게

Day 21

Healing Voice

쓰인다. 공부 덕분에 본분을 잊지 않고 살아갈 때 공부는 정:도를 걸어
　　　　　　　　　　잍찌　안코
가기 시:작하는 것이다.
　　　시:자카는
전문가는 전문성을 축적한 사:람이기 이전에 인간으로서 지녀야 될 기본
　　　　　　　　　축쩌칸
적인 덕목과 자질을 갖춘 인격적 존재라는 점을 잊어서는 안 된다.
　　　덩목　　　　　인껵쩍

_유영만, 《공부는 망치다》 中

> **❝ 생각하고 말할 거리 ❞**
>
> 누구나 자신이 몸담은 분야에서 전문가로 우뚝 서기를 바란다. 그러기 위해서는 먼저 전문성의 의미부터 스스로 확립해야 한다. 진정한 전문성이란 무엇일까? 당신은 어떤 전문가로 살고 싶은가?

🎙 오늘의 스피치
나도 강연가

다음은 실제 강연 스피치를 그대로 글로 옮긴 것이다. 많은 사람 앞에 서서 강연을 한다고 상상하면서, 청중과 소통하듯이 자연스럽게 말해 보자.

저 같은 생물학자한테 자연계의 가장 위대한 성공사:례가 뭐냐 물으면
           생물학짜
열: 명 중에 아홉 명이 이걸 댑니다. 꽃을 피우는 식물과 그들을 방:문
                                  꼬츨   싱물
해서 꽃가루를 옮겨주고 그 대:가로 꿀을 얻는 곤충과의 관계. 이게 왜:
        꼳까루   옴겨주고   대:까
어마어마한 성공이냐 하면요, 여러분, 자연계에서 가장 무거운 존재가
무엇인지 아:십니까? 무게로 가장 성공한 존재. 코끼리? 고래? 그렇게
생각하시면 참 지극히 동:물적이신 겁니다. (웃음) 자연계의 모든 동:물
  생가카시면   지그키   동:물쩌기신
을 다 모아본들 식물의 무게에 비:하면 그야말로 조족지혈입니다. 새:발
            싱무레   조족찌허림니다

Day 21

Healing Voice

의 핍니다. 지구는 식물이 완벽하게 성공한 행성입니다. 무게로 가장 성
_{완벼카게}

공한 집단이 식물이고요, 숫:자로 가장 성공한 집단이 곤충입니다.
_{집따니   숟:짜}

어마어마하게 성공한 두 집단이 만나면 서로 잡아 죽여서 성공한 게 아니

고요, 손을 잡았다는 겁니다. 그런데 우리는 왜: 이걸 연:구하면서도, 왜: 우

리는 손잡고 가는 것에 대:해서는 이렇게 인색할 수밖에 없:게끔 살:고 있
_{손잡꼬   인새칼 쑤바께}

을까. 이게 생물학자인 제가 나는 누구냐, 우리는 누구냐 하는 차원에서

던지는 질문입니다. 제가 최:근에 몇 년 동안 굉장히 열심히 생각하는
_{열씸히   생가카는}

단어입니다. 영어로 coopetition 협력형 경:쟁이라고 하는데요, 저 단
_{다넘니다   혐녀켱}

어는 competition 경:쟁이라는 단어와 cooperation 협력이라는 단어의
_{혐녀기라는}

합성어입니다.
_{합썽엄니다}

… 미국 MIT의 우디 플라워스 교:수님이 이런 설명을 하시더라고요. "진

정한 전문인은 치열하게 공부하고 치열하게 일:한다. 그냥 놀:고먹으면

서 성공하려고 하는 사:람은 없:다. 하지만 그 과정 속에서 상대를 존경

하고 따뜻하게 대:하면서도 치열하게 일:하고 공부해서 이기는 거다"라
　　　따뜨타게

고요. 어쩌면 20세기의 전문인들은 야:비하게 남을 짓밟으면서 성공했
　　　　　　　　　　　　　　　　　　　　　　　짇빨브면서

:는지 모:릅니다. 하지만 21세기부터는 그런 사:람들이 성공하는 것이 아

니라 함께 가면서 더 열심히 일:한 사:람이 성공할 거라는 겁니다.

_SBS CNBC 〈인문학 강의〉, "생명, 그 아름다움에 대하여", 최재천 교수 강연 中

오늘의 일지

목소리 훈련을 하면서 인지한 몸의 느낌, 감정, 생각과 소리의 미세한 변화에 대해 자유롭게 적어보자.

YouTube 저자의 힐링 명상
사랑 기원 명상

✓ 3단계 체크리스트

☐ 최적의 목소리 톤과 풍성한 울림을 어느 순간에든 찾을 수 있나?

☐ 저-중-고음으로 음역을 자유자재로 이동하며 발성할 수 있나?

☐ 잘못하기 쉬운 발음, 겹받침의 발음을 정확하게 할 수 있나?

☐ 어려운 발음으로 이루어진 문장을 틀리지 않고 바르게 읽을 수 있나?

☐ 다소 긴 문장이더라도 호흡을 편안하게 조절하며 잘 전달할 수 있나?

☐ 앵커, 아나운서 원고를 명료한 발음과 억양으로 매끄럽게 낭독할 수 있나?

☐ 프레젠테이션 원고를 강조법을 살려서 설득력 있게 말할 수 있나?

☐ 시詩가 담고 있는 정서를 다양한 목소리로 표현할 수 있나?

☐ 강연하듯이 청중과 소통하는 자연스러운 말하기가 가능한가?

☐ 일상 대화 시에도 자신의 가장 이상적인 목소리로 말할 수 있나?

1-4개 ➡ 3단계 처음부터 다시 학습할 것

5-7개 ➡ 미흡한 부분 반복 학습할 것

8-10개 ➡ 드디어 본연의 목소리를 찾은 것을 진심으로 축하합니다!

> 힐링 보이스 트레이닝을 마무리하며,

나의 다짐

지금 이 순간,
나는 나 자신과 내 목소리를 진심으로 사랑한다.

나는 더 나은 내가 되기 위하여
지난 (   ) 동안 꾸준히 연습했으며,
그러한 내가 무척 자랑스럽다.

목소리를 비롯한 나의 삶 전반은 계속해서 변화하고 있다.
나는 나의 몸과 마음, 목소리를 변화시킨 경험을 바탕으로
내 인생을 성공적으로 이끌 것이다.

나는 할 수 있다!
나는 나를 믿는다!

마음을 치유하는 21일 목소리 트레이닝
우지은의 힐링 보이스

초판 1쇄 발행 2020년 4월 30일
초판 9쇄 발행 2023년 4월 14일

지은이 우지은
펴낸이 우지은
펴낸곳 더블유북스

편집 정지은
마케팅 우지영
디자인 엄혜리

출판등록 2020년 3월 16일 제2020-000058호
주소 서울시 서초구 강남대로 405, 11층
전화 02-6952-5600
팩스 02-541-0132
홈페이지 www.wspeech.co.kr

값 16,000원
ISBN 979-11-970288-8-5 13320

- 인쇄 제작 및 유통상의 파본 도서는 구입하신 서점에서 바꿔드립니다.
- 이 책의 전부 또는 일부 내용을 재사용하려면 사전에 저작권자와 Wbooks의 동의를 받아야 합니다.

- 이 도서의 국립중앙도서관 출판예정도서목록(CIP)은 서지정보유통지원시스템 홈페이지
  (http://seoji.nl.go.kr)와 국가자료종합목록 구축시스템(http://kolis-net.nl.go.kr)에서
  이용하실 수 있습니다. (CIP제어번호: CIP2020016092)